¡Qué lejos hemos llegado los esclavos!

NELSON MANDELA
FIDEL CASTRO

¡QUE LEJOS HEMOS LLEGADO LOS ESCLAVOS!

Sudáfrica y Cuba
en el mundo de hoy

PATHFINDER

Nueva York   Londres   Montreal   Sydney

ISBN: 978-0-87348-732-0

Library of Congress Catalog Card Number 91-66761
Impreso y hecho en Estados Unidos de América
Manufactured in the United States of America

Primera edición, 1991
Décima impresión, 2011

DISEÑO POR: Toni Gorton

FOTO DE LA PORTADA: Mary-Alice Waters

Pathfinder
www.pathfinderpress.com
Correo electrónico: pathfinder@pathfinderpress.com

CONTENIDO

La Habana   Matanzas

Provincia de
Matanzas

Arriba: mitin del 26 de julio
de 1991 en Matanzas, Cuba.
*(Foto: Mary-Alice Waters/
El Militante)*

INTRODUCCION

El 26 de julio de 1991, Nelson Mandela, presidente del Congreso Nacional Africano (ANC), y Fidel Castro, presidente de Cuba, hablaron juntos compartiendo por primera vez la misma tribuna. Pronunciaron discursos en esta histórica ocasión ante un mitin de decenas de miles de personas en Matanzas, Cuba, que conmemoró el trigésimo octavo aniversario del comienzo de la revolución cubana.

Las páginas a continuación presentan el texto completo de los discursos de Nelson Mandela y Fidel Castro ante el mitin de Matanzas, así como la resolución del Consejo de Estado de Cuba otorgándole a Mandela la orden José Martí, el más alto honor que confiere el gobierno de Cuba.

Mandela y Castro explican por qué las dos luchas de las cuales son dirigentes principales —por un lado, la batalla por organizar en Sudáfrica un movimiento democrático revolucionario capaz de derribar el sistema apartheid y, por otro, la batalla por fortalecer el internacionalismo y la dirección comunista de la revolución cubana— han estado vinculadas tan estrechamente durante las últimas tres décadas. A través de sus palabras, podemos comprender mejor por qué las luchas que libran los trabajadores de Sudáfrica y de Cuba constituyen hoy día los ejemplos más importantes para los luchadores que por todas partes quieren librar al mundo del racismo y la explotación, y trazar un nuevo rumbo para el avance de toda la humanidad.

En noviembre de 1975, acudiendo a una petición del gobierno de Angola, el gobierno cubano envió miles de tropas voluntarias a ese país para ayudar a derrotar la invasión de las fuerzas armadas del régimen apartheid de Sudáfrica. Pretoria había decidido impedir que el pueblo angolano realizara su independencia de Portugal, conquistada tras una cruenta lucha, y programada para el 11 de noviembre de 1975. Los gobernantes sudafricanos sabían que la desintegración del imperio portugués, último bastión del colonialismo europeo en el continente africano, daría ímpetu a la lucha por derrocar al gobierno de la minoría blanca en Sudáfrica.

El gobierno cubano le dio a su misión internacionalista en Angola el nombre de Operación Carlota, en homenaje a la esclava que en 1843 dirigió una rebelión en la provincia cubana de Matanzas, donde también se realizó el mitin del 26 de julio. Cuando llegaron los voluntarios cubanos, las tropas sudafricanas ya habían penetrado más de 600 kilómetros al interior de Angola y las fuerzas antigubernamentales habían alcanzado las inmediaciones de Luanda, la ciudad capital. Sin embargo, para fines de marzo de 1976, las últimas fuerzas invasoras habían sido expulsadas a Namibia, al otro lado de la frontera sur de Angola. En ese entonces, Namibia era aún colonia sudafricana.

Esta primera derrota del ejército del régimen del apartheid impulsó nuevamente la lucha por una república democrática y no racial al interior de Sudáfrica. En junio de 1976, la juventud de Soweto y de otros municipios negros por todo el país se lanzó a las calles. En los años siguientes, el auge de las protestas engendró una nueva red de comités populares y de organizaciones contra el apartheid al nivel local y nacional. Los trabajadores superexplotados declararon huelgas y formaron sindicatos desafiando las prohibiciones del gobierno.

El nuevo auge de las luchas fortaleció al Congreso Nacional Africano, que había sido proscrito en 1960 y muchos de cuyos líderes —entre ellos Mandela— fueron encarcelados por sus actividades contra el apartheid. La creciente lucha al interior del país intensificó la condición de paria y el aislamiento internacional del régimen del apartheid. De una manera limitada y desigual los gobiernos imperialistas en Europa, Norteamérica, Asia y el Pacífico accedieron a las crecientes demandas de las fuerzas antiapartheid y le impusieron a Sudáfrica sanciones económicas, deportivas, culturales y de otros tipos.

Durante los siguientes 12 años los gobernantes del apartheid montaron repetidas operaciones militares penetrando a grandes distancias de la frontera angolana. Con la ayuda del gobierno bipartidista en Washington, Pretoria armó y financió a las fuerzas de la UNITA (Unión Nacional para la Independencia Total de Angola), que ejecutó operaciones terroristas contrarrevolucionarias en el sur de Angola.

Sin embargo, en noviembre de 1987, ante una crítica situación en que las tropas sudafricanas habían rodeado Cuito Cuanavale en el sudeste angolano, Cuba decidió enviar miles de refuerzos voluntarios y cantidades masivas de armamentos y suministros. Para marzo de 1988, las tropas sudafricanas habían sufrido una derrota decisiva en Cuito Cuanavale por las fuerzas combinadas de los voluntarios cubanos, el ejército angolano y los combatientes de la Organización Popular del Africa Sudoccidental (SWAPO) de Namibia. Los invasores sudafricanos se vieron forzados a retirarse de Angola; en las negociaciones posteriores el régimen del apartheid le concedió la independencia a Namibia, que celebró el fin de la dominación colonial racista y el establecimiento de su propio gobierno en marzo de 1990.

Al desarticular de una vez por todas el mito de la invencibilidad de la supremacía blanca, el desenlace de la batalla en Cuito Cuanavale le dio otro impulso a la batalla contra el apartheid en Sudáfrica. La confianza de los gobernantes capitalistas en Sudáfrica sufrió duros golpes y aumentaron entre ellos las divergencias tácticas. El 2 de febrero de 1990 el gobierno del primer ministro F.W. de Klerk anunció la legalización del Congreso Nacional Africano y varias otras organizaciones antiapartheid. Nueve días más tarde, el 11 de febrero, Nelson Mandela salió triunfante de la Prisión Víctor Verster cerca de Ciudad de El Cabo, libre por primera vez tras veintisiete años y medio de cárcel.

En su discurso de Matanzas, Mandela rindió tributo a la singular contribución de los voluntarios internacionalistas cubanos a la lucha de los pueblos africanos por la independencia, la libertad y la justicia social. "¡La aplastante derrota del ejército racista en Cuito Cuanavale constituyó una victoria de toda Africa!", dijo Mandela. "¡La derrota del ejército del apartheid sirvió de inspiración al pueblo combatiente de Sudáfrica! ¡Sin la derrota infligida en Cuito Cuanavale nuestras organizaciones no hubieran sido legalizadas! ¡La derrota del ejército racista en Cuito Cuanavale hizo posible que hoy yo pueda estar aquí con ustedes!… ¡Cuito Cuanavale marca el viraje en la lucha para librar al continente y a nuestro país del azote del apartheid!".

Respondiendo al tributo de Mandela, Castro explicó que Cuba revolucionaria lo había arriesgado todo, incluso la existencia misma de la revolución, al comprometer cantidad tan grande de fuerzas militares en la batalla de Cuito Cuanavale. Al hacerlo, dijo Castro —repitiendo un tema que ha aparecido en varios de sus discursos en los últimos años— el pueblo y el gobierno cubanos demostraron nuevamente en la práctica por qué el internacionalismo corre por las venas de la revolución, y por qué cualquier repliegue en la ayuda a aquellos que luchan por la liberación nacional o por el socialismo en otras partes del mundo equivaldría a vaticinar la muerte de la revolución cubana.

Como lo explicara Castro en diciembre de 1988 en un discurso ante un mitin de medio millón de personas en La Habana, en que participaron muchos hombres y mujeres de las fuerzas armadas de Cuba y de las Milicias de Tropas Territoriales: "Quien no sea capaz de luchar por otros, no será nunca suficientemente capaz de luchar por sí mismo. Y el heroísmo demostrado por nuestras fuerzas, por nuestro pueblo en otras tierras, en tierras lejanas, ha de servir también para hacerles conocer a los imperialistas lo que les espera si un día nos obligan a luchar en esta tierra". (Fidel Castro, "Mientras exista el imperio nunca podremos bajar la guardia", *Perspectiva Mundial,* febrero de 1989, pág. 17.)

La trayectoria internacionalista trazada en Angola es parte esencial de las cuestiones de vida o muerte que actualmente enfrenta la revolución cubana, y que discute Castro en el discurso aquí reproducido. Washington nunca le ha perdonado al pueblo cubano su declaración de independencia del neocolonialismo norteamericano proclamada en 1959; nunca le ha perdonado la revolución social que inició hace tres décadas. En su discurso Castro describe algunos de los logros sociales duraderos y conquistas políticas de la revolución, y explica por qué la dirección de la revolución cubana continuará sobre la marcha histórica trazada hace casi 150 años por Carlos Marx y Federico Engels: hacia un mundo donde los seres humanos vivan y trabajen juntos como hermanos y hermanas, en lugar de ser forzados a explotarse los unos a los otros como lobos.

Desde mediados de la década de los 70 hasta mediados

de los 80, las misiones internacionalistas como las que cumplieron cientos de miles de cubanos en Angola —así como en Granada, Nicaragua y otros países— fueron la principal fuerza social y política que movilizó e inspiró políticamente al pueblo cubano. El compromiso internacionalista contrastaba con la desorientación política fomentada por las políticas, las instituciones y las prioridades que fueron implementadas sistemáticamente en Cuba a comienzos de los años 70, copiadas en gran parte de la Unión Soviética y de los países de Europa oriental. Cuando la dirección del Partido Comunista de Cuba lanzó en 1986 lo que se conoce como el proceso de rectificación —con miras a combatir las raíces sociales y políticas de una década de despolitización—, algo que le dio un tremendo impulso fue la determinación de infundirle a la lucha cotidiana por impulsar la revolución dentro de Cuba el espíritu y la confianza políticos generados por las misiones internacionalistas en Angola.

En la última parte de su discurso en Matanzas, Castro fustiga los argumentos de aquellos que dicen que el socialismo salió perdiendo en la guerra fría y que el capitalismo resultó victorioso. Explica la realidad de la competencia interimperialista cada vez más intensa y describe la catástrofe social y económica que el capitalismo está desencadenando sobre los pueblos de América Latina. El capitalismo, señala Castro, es algo que el pueblo cubano conoce muy bien, por dentro y por fuera, a partir de su propia y dolorosa historia. Esta experiencia histórica es la razón por la cual Cuba se niega a volver a los barracones de esclavos propios de la explotación capitalista y de la dominación imperialista. Los revolucionarios cubanos, subraya Castro, están más convencidos que nunca que el futuro de la humanidad no consiste en retroceder hacia la "empresa privada y el libre mercado", sino en avanzar hacia un mundo libre de la pobreza, del racismo, y de la explotación engendrados por el capitalismo.

~

Al concluir su intervención en el mitin de Matanzas, Nelson Mandela le explicó a los miles allí reunidos lo que para él significaba recibir la orden José Martí del Consejo de Estado de Cuba. "Es fuente de inspiración y de renovada fuerza", dijo, porque "esta condecoración se confiere al pueblo de Sudáfrica como reconocimiento de que está erguido y de que lucha por su libertad".

Este, sobre todo, es el hilo que une a estos discursos: la decisión de los pueblos de Sudáfrica y de Cuba de luchar por un mundo nuevo, un mundo mejor. "No importa cuáles sean las adversidades, no importa cuáles sean las dificultades", dijo Mandela, uno tiene que luchar. "¡No puede haber jamás claudicación! ¡Es un caso de libertad o muerte!".

Mary-Alice Waters
12 de septiembre de 1991

FECHAS CLAVES

1 de enero de 1959 — Triunfa la revolución cubana, derrocando a la dictadura apoyada por Estados Unidos.

21 de marzo de 1960 — La policía sudafricana abre fuego contra una multitud de manifestantes negros en Sharpeville, matando a 69. Poco después, el régimen del apartheid decreta un estado de emergencia y proscribe al ANC y a otras organizaciones antiapartheid.

5 de agosto de 1962 — Mandela es capturado por la policía sudafricana. Lo declaran culpable y lo condenan a cinco años de prisión por instigación a la huelga y por abandonar el país sin pasaporte.

11 de junio de 1964 — Mandela —que ya se encuentra cumpliendo una condena de prisión— y otros siete líderes del ANC son declarados culpables de sabotaje en el juicio de Rivonia y son condenados a cadena perpetua.

1965 — El dirigente revolucionario cubano Ernesto Che Guevara ayuda a las fuerzas de liberación en el Congo.

5 de noviembre de 1975 — Cuba decide enviar tropas para combatir la invasión sudafricana que amenaza la inminente independencia de Angola. Para fines de marzo de 1976, las fuerzas sudafricanas son expulsadas al otro lado de la frontera sur de Angola con Namibia.

16 de junio de 1976 — La policía abre fuego contra una manifestación de escolares sudafricanos en Soweto, provocando la primera ola prolongada de protestas a nivel nacional desde 1960.

noviembre de 1987 — Las tropas sudafricanas rodean a las fuerzas angolanas en Cuito Cuanavale, creando una situación crítica para el gobierno angolano. Cuba decide enviar miles de tropas de refuerzo y suficiente equipo militar para impedir una victoria sudafricana.

enero–marzo de 1988 — Las tropas cubanas, junto con las tropas angolanas y las de la SWAPO, repelen cinco ataques sudafricanos y rompen el sitio de Cuito Cuanavale. Inmediatamente después, las fuerzas cubanas, angolanas y de la SWAPO comienzan a hacer retroceder a las tropas sudafricanas hacia la frontera sur de Angola.

13 de julio de 1988 — Los representantes de Estados Unidos, Sudáfrica, Angola y Cuba firman una declaración de 14 puntos fijando el marco para el retiro sudafricano de Angola y para la independencia de Namibia del dominio colonial sudafricano. El 22 de diciembre se firma un acuerdo final.

2 de febrero de 1990 — El gobierno sudafricano anuncia la legalización del ANC y de otras organizaciones.

11 de febrero de 1990 — Mandela es puesto en libertad tras haber pasado veintisiete años y medio en prisión.

21 de marzo de 1990 — Namibia celebra su independencia del régimen sudafricano.

25 de mayo de 1991 — Se van de Angola las últimas tropas cubanas bajo un acuerdo entre el gobierno cubano y angolano.

25 al 27 de julio de 1991 — Mandela visita Cuba.

NELSON MANDELA

Mandela hablando ante
el mitin del 26 de julio.
(Foto: Mary-Alice Waters/
El Militante)

Nelson Mandela

Vamos a asegurarnos de que los pobres y sin derechos gobiernen la tierra en que nacieron

Primer secretario del Partido Comunista, presidente del Consejo de Estado y del gobierno de Cuba, presidente de la república socialista de Cuba, comandante en jefe Fidel Castro;

Internacionalistas cubanos que tanto han hecho por la liberación de nuestro continente;

Pueblo cubano;

Camaradas y amigos:

Para mí es un gran placer y un honor encontrarme hoy aquí, especialmente en un día tan importante en la historia revolucionaria del pueblo cubano. Hoy Cuba conmemora el trigésimo octavo aniversario del asalto al cuartel Moncada. Sin el Moncada la expedición del *Granma*, la lucha en la Sierra Maestra y la extraordinaria victoria del primero de enero de 1959 nunca habrían tenido lugar.[1]

Hoy ésta es la Cuba revolucionaria, la Cuba internacionalista, el país que tanto ha hecho por los pueblos de Africa.

Hace mucho tiempo que queríamos visitar su país y expresarles nuestros sentimientos acerca de la revolución cubana, y el papel desempeñado por Cuba en Africa, en el Africa austral y en el mundo.[2] El pueblo cubano ocupa un lugar especial en el corazón de los pueblos de Africa. Los internacionalistas cubanos hicieron una contribución a la independencia, la libertad y la justicia en Africa que no tiene paralelo por los principios y el desinterés que la caracterizan. Desde sus días iniciales la revolución cubana ha sido una fuente de inspiración para todos los pueblos amantes de la libertad.

Admiramos los sacrificios del pueblo cubano por mantener su independencia y soberanía ante la pérfida campaña imperialista orquestada para destruir los impresionantes logros alcanzados por la revolución cubana. Nosotros también queremos ser dueños de nuestro propio destino. Estamos decididos a lograr que el pueblo de Sudáfrica forje su futuro y que continúe ejerciendo sus derechos democráticos a plenitud después de la liberación del apartheid. No queremos que la participación popular cese cuando el apartheid haya desaparecido. Queremos que el momento mismo de la liberación abra el camino a una democracia cada vez mayor.

Admiramos los logros de la revolución cubana en la esfera de la asistencia social. Apreciamos cómo se ha transformado de un país al que se le había impuesto el atraso a uno de cultura universal. Reconocemos los avances en los campos de la salud, la educación y la ciencia.

Es mucho lo que podemos aprender de su experiencia. De modo particular nos conmueve la afirmación del vínculo histórico con el continente africano y sus pueblos. Su invariable compromiso con la erradicación sistemática del racismo no tiene paralelo.

Pero la lección más importante que ustedes pueden ofrecernos es que no importa cuáles sean las adversidades, no importa cuáles sean las dificultades contra las que haya que luchar, ¡no puede haber jamás claudicación!

¡Es un caso de libertad o muerte!

Yo sé que su país atraviesa actualmente muchas dificultades, pero tenemos confianza en que el indoblegable pueblo cubano las vencerá en la misma forma en que ha ayudado a otros pueblos a vencer las que afrontaban.

Sabemos que el espíritu revolucionario de hoy se inició hace mucho, y que ese espíritu se fue nutriendo del esfuerzo de los primeros combatientes por la libertad de Cuba y de hecho por la libertad de todos aquellos que sufren bajo el dominio imperialista.

Nosotros también hallamos inspiración en la vida y ejemplo de José Martí, quien no es solo un héroe cubano y latinoamericano sino una figura justamente venerada por todos los que luchan por la libertad.[3]

También honramos al gran Che Guevara, cuyas hazañas revolucionarias —incluso en nuestro continente— fueron de tal magnitud que ningún encargado de censura en la prisión nos las pudo ocultar. La vida del Che es una inspiración para todo ser humano que ame la libertad. Siempre honraremos su memoria.[4]

Hemos venido aquí con gran humildad. Hemos venido aquí con gran emoción. Hemos venido aquí conscientes de la gran deuda que hay con el pueblo de Cuba. ¿Qué otro país puede mostrar una historia de mayor desinterés que la que ha exhibido Cuba en sus relaciones con Africa?

¿Cuántos países del mundo se benefician de la obra de los trabajadores de la salud y los educadores cubanos? ¿Cuántos de ellos se encuentran en Africa?

¿Dónde está el país que haya solicitado la ayuda de Cuba y que le haya sido negada?

¿Cuántos países amenazados por el imperialismo o que luchan por su liberación nacional han podido contar con el apoyo de Cuba?

Yo me encontraba en prisión cuando por primera vez me enteré de la ayuda masiva que las fuerzas internacionalistas cubanas le estaban dando al pueblo de Angola —en una escala tal que nos era difícil creerlo— cuando los angolanos se vieron atacados en forma combinada por las tropas sudafricanas, el FNLA financiado por la CIA, los mercenarios, y las fuerzas de la UNITA y de Zaire en 1975.[5]

Nosotros en Africa estamos acostumbrados a ser víctimas de otros países que quieren desgajar nuestro territorio o subvertir nuestra soberanía. En la historia de Africa no existe otro caso de un pueblo que se haya alzado en defensa de uno de nosotros.

Sabemos también que ésta fue una acción popular en Cuba. Sabemos que aquellos que lucharon y murieron en Angola fueron solo una pequeña parte de los que se ofrecieron como voluntarios. Para el pueblo cubano, el internacionalismo no es simplemente una palabra, sino algo que hemos visto puesto en práctica en beneficio de grandes sectores de la humanidad.

Sabemos que las fuerzas cubanas estaban dispuestas a retirarse poco después de repeler la invasión de 1975, pero las continuas agresiones de Pretoria hicieron que esto fuera imposible.

La presencia de ustedes y el refuerzo enviado para la batalla de Cuito Cuanavale tienen una importancia verdaderamente histórica.

¡La aplastante derrota del ejército racista en Cuito Cuanavale constituyó una victoria para toda Africa!

¡Esa contundente derrota del ejército racista en Cuito Cuanavale dio la posibilidad a Angola de disfrutar de la paz y consolidar su propia soberanía!

¡La derrota del ejército racista le permitió al pueblo combatiente de Namibia alcanzar finalmente su independencia!

¡La decisiva derrota de las fuerzas agresoras del apartheid destruyó el mito de la invencibilidad del opresor blanco!

¡La derrota del ejército del apartheid sirvió de inspiración al pueblo combatiente de Sudáfrica!

¡Sin la derrota infligida en Cuito Cuanavale nuestras organizaciones no hubieran sido legalizadas!

¡La derrota del ejército racista en Cuito Cuanavale hizo posible que hoy yo pueda estar aquí con ustedes!

¡Cuito Cuanavale marca un hito en la historia de la lucha por la liberación del Africa austral!

¡Cuito Cuanavale marca un punto álgido en la lucha por librar al continente y a nuestro país del azote del apartheid!

El apartheid no es algo que haya comenzado ayer. Los orígenes de la dominación racista blanca se remontan tres siglos y medio, al momento en que los primeros colonos blancos iniciaron el proceso de división y posterior conquista de los Khoi, los San y otros pueblos africanos: los habitantes originarios de nuestro país.

El proceso de conquista, desde su comienzo, engendró una serie de guerras de resistencia, las que a su vez generaron nuestra guerra de liberación nacional. Luchando con grandes desventajas, los pueblos africanos trataron de defender sus tierras. Pero la base material y la resultante fuerza militar de los agresores coloniales llevaron a los divididos reinos y jefes tribales a la derrota.

Esta tradición de resistencia aún pervive y sirve de inspiración a nuestra lucha actual. Nosotros honramos la figura del gran profeta y guerrero Makana, que murió tratando de escapar de la prisión de la Isla Robben en 1819, de Hintsa, Sekhukhune, Dingane, Moshoeshoe, Bambatha y otros héroes de la resistencia ante la conquista colonial.

Fue con estos antecedentes de captura de territorios y conquistas que se creó la Unión Sudafricana en 1910. Para apariencias externas, Sudáfrica se convirtió en un estado independiente, pero en realidad los conquistadores británicos entregaron el poder a los blancos que se habían establecido en el país. Así la nueva Unión Sudafricana pudo formalizar la opresión racial y la explotación económica de los negros.

Después de creada la Unión, la adopción de la Ley de Territorios —encaminada a legalizar las apropiaciones del siglo diecinueve— aceleró el proceso que conduciría a la constitución del Congreso Nacional Africano el 8 de junio de 1912.[6]

No voy a recontarles la historia del ANC. Baste decir que los 80 años de nuestra existencia han sido testigos de la evolución del ANC desde sus inicios, cuando procuraba unir a los pueblos africanos, hasta convertirse en la fuerza principal en la lucha de las masas oprimidas por acabar con el racismo y fundar un estado no racial, no sexista y democrático.

Su militancia se ha transformado de un pequeño grupo inicial de profesionales y jefes, etcétera, en una verdadera organización de masas populares.

Sus objetivos han evolucionado de la simple búsqueda de mejoras para la población africana, a buscar en cambio la transformación fundamental de toda Sudáfrica en un estado democrático para todos.

Los métodos para lograr sus objetivos de mayor alcance han adquirido a través de los años un mayor carácter de masas, lo que se refleja en la creciente participación popular dentro del ANC y en las campañas encabezadas por el ANC.

En ocasiones, algunos señalan que los propósitos iniciales del ANC y su composición original eran los de una organización reformista. La verdad es que desde su nacimiento el ANC era portador de profundas implicaciones revolucionarias. La formación del ANC fue el primer paso hacia la creación de una nueva nación sudafricana. Con el tiempo ese concepto se desarrolló hasta encontrar una clara expresión —hace 36 años— en la declaración de la Carta de la Libertad, donde se expresa que "Sudáfrica pertenece a todos los que en ella viven, tanto negros como blancos".[7] Esto constituyó un rechazo inequívoco al estado racista que existía y la afirmación de la única alternativa que nos resulta aceptable, una donde el racismo y sus estructuras sean finalmente liquidados.

Es bien sabido que la respuesta del estado a nuestras legítimas demandas democráticas fue, entre otras, la de acusar a nuestra dirigencia de traición y realizar a comienzos de los años 60 masacres indiscriminadas. Estos hechos y la proscripción de nuestra organización nos dejó sin otro camino que el de hacer lo que ha hecho cualquier pueblo que se respete a sí mismo —incluido el cubano—, es decir: levantarnos en armas para reconquistar nuestro país de manos de los racistas.

Debo decir que cuando quisimos alzarnos en armas nos acercamos a numerosos gobiernos occidentales en busca de ayuda y solo obtuvimos audiencia con ministros de muy bajo rango. Cuando visitamos a Cuba fuimos recibidos por los más altos funcionarios, quienes de inmediato nos ofrecieron todo lo que queríamos y necesitábamos. Esa fue nuestra primera experiencia con el internacionalismo de Cuba.

Aunque nos alzamos en armas, no fue ésa la opción de

nuestra preferencia. Fue el régimen del apartheid el que nos obligó a tomar las armas. Nuestra opción preferida siempre ha sido la de encontrar una solución pacífica al conflicto del apartheid.

La lucha combinada de nuestro pueblo dentro del país, así como la creciente batalla internacional contra el apartheid durante la década del 80 abrieron la posibilidad de una solución negociada a dicho conflicto. La decisiva derrota infligida en Cuito Cuanavale alteró la correlación de fuerzas en la región y redujo considerablemente la capacidad del régimen de Pretoria de desestabilizar a sus vecinos. Este hecho, conjuntamente con la lucha de nuestro pueblo dentro del país, fue crucial para hacer entender a Pretoria que tenía que sentarse a la mesa de negociaciones.

Fue el ANC el que inició el actual proceso de paz que esperamos conduzca a una transferencia negociada del poder al pueblo.

No hemos iniciado este proceso con objetivos distintos de los que buscábamos obtener mediante la lucha armada. Nuestras metas continúan siendo las de alcanzar las demandas contenidas en la Carta de la Libertad y no nos vamos a conformar con menos.

Ningún proceso de negociación puede tener éxito hasta que el régimen del apartheid comprenda que no habrá paz a menos que haya libertad y que no vamos a ceder en una sóla de nuestras justas demandas. Deben comprender que no aceptaremos ningún proyecto constitucional que pretenda mantener los privilegios de los blancos.

Tenemos motivos para pensar que aún no hemos logrado que el gobierno entienda esta posición y les advertimos que si no escuchan tendremos que usar nuestra fuerza para convencerlos.

Esa fuerza es la fuerza del pueblo y en última instancia sabemos que las masas no solo exigirán sino que ganarán sus plenos derechos en una Sudáfrica no racista, no sexista y democrática.

Pero nosotros no buscamos solamente una meta en particular, proponemos una vía específica para lograr esa meta, una vía que supone la participación del pueblo en todo momento. No queremos un proceso que conduzca a un acuerdo ajeno al pueblo y donde su papel sea meramente el de aplaudir.

El gobierno resiste esto a toda costa porque la cuestión de cómo se hace una constitución y cómo se llevan a cabo las negociaciones está intimamente vinculada a si el resultado es o no es democrático.

El actual gobierno quiere permanecer en el poder durante todo el proceso de transición. Nuestra opinión es que eso es inaceptable. Los propósitos del gobierno en las negociaciones son claros. No podemos permitirle que utilice sus poderes como gobierno para favorecer su propia causa y la de sus aliados ni que utilice esos mismos poderes para debilitar al ANC.

Y esto es exactamente lo que están haciendo. Legalizaron al ANC, pero tenemos que trabajar en condiciones muy diferentes a las de otras organizaciones. No disfrutamos de la misma libertad de organización como el Inkatha y otras organizaciones aliadas al régimen del apartheid.[8] Nuestros miembros se ven hostigados y son incluso asesinados. A menudo se nos impide efectuar reuniones y manifestaciones.

Creemos que el proceso de transición debe ser controlado por un gobierno capaz y que tenga además la voluntad de crear y mantener las condiciones propicias para la libre actividad política. Un gobierno que actúe con vistas a asegurar que la transición sea para crear una verdadera democracia y nada menos.

El actual gobierno se ha mostrado bastante renuente o

incapaz de crear un clima propicio para las negociaciones. Se retracta de los acuerdos tomados para la liberación de los prisioneros políticos y para permitir el regreso de los exiliados. Recientemente ha permitido que se dé una situación en la que un verdadero reino de terror y violencia se desata contra las comunidades africanas y contra el ANC como organización.

En esa ola de violencia han sido asesinadas 10 mil personas desde 1984, 2 mil de ellas solo en lo que va del año. Siempre hemos dicho que este gobierno que se vanagloria de sus fuerzas policiales profesionales es perfectamente capaz de poner fin a la violencia y juzgar a los culpables. Pero no solo no muestra ninguna voluntad de hacerlo sino que ahora tenemos pruebas irrefutables —que han sido publicadas en la prensa independiente— de su complicidad con la violencia.[9]

La violencia se ha utilizado en un intento sistemático de fortalecer a Inkatha como un aliado potencial del Partido Nacional.[10] Ahora contamos con pruebas que evidencian la entrega de fondos por el gobierno a Inkatha, dinero que proviene de los contribuyentes.

Todo esto indica la necesidad de crear un gobierno interino de unidad nacional que presida la transición. Necesitamos un gobierno que goce de la confianza de amplios sectores populares para que gobierne durante ese delicado período, para asegurar que los contrarrevolucionarios no puedan alterar el proceso y garantizar que la elaboración de la constitución se lleve adelante en un clima libre de represión, intimidación y miedo.

Creemos que la constitución misma debe ser elaborada en la forma más democrática posible. En nuestra opinión la mejor forma de lograrlo es a través de la elección de representantes a una asamblea constituyente con mandato para elaborar un proyecto de constitución. Hay organizaciones que retan al ANC cuando afirma ser la organización más representativa del país. Si no es cierto, que demuestren su apoyo popular en las urnas electorales.

Para asegurar que las masas populares queden incluidas en este proceso estamos distribuyendo y discutiendo nuestras propias propuestas constitucionales y un proyecto de carta de derechos. Queremos que éstas sean discutidas en todas las estructuras de nuestra alianza, es decir el ANC, el Partido Comunista Sudafricano y el Congreso de Sindicatos Sudafricanos, así como por el pueblo en general. De ese modo cuando el pueblo vote por el ANC para que lo represente en una asamblea constituyente, sabrá no solo lo que el ANC defiende en líneas generales, sino qué tipo de constitución queremos. Naturalmente estas propuestas constitucionales están sujetas a revisión sobre la base de consultas con nuestros miembros, con el resto de la alianza y con el pueblo en general. Queremos lograr una constitución que reciba amplio apoyo, lealtad y respeto. Eso solo puede lograrse si vamos realmente a las masas populares.

A fin de impedir estas justas demandas, se han hecho varios intentos por minar y desestabilizar al ANC. La violencia es el más grave de esos intentos, pero hay otros métodos más insidiosos. En la actualidad, tanto en la prensa como entre nuestros adversarios políticos y muchos gobiernos occidentales, existe una obsesión con nuestra alianza al Partido Comunista Sudafricano.

La prensa constantemente publica especulaciones sobre el número de comunistas que integran nuestro ejecutivo nacional y aducen que estamos siendo dirigidos por el Partido Comunista.

El ANC no es un partido comunista sino un amplio movimiento de liberación que entre sus miembros incluye a comunistas y a otros que no lo son. Cualquier persona que sea miembro leal del ANC, y que acepte la disciplina y los principios de la organización, tiene el derecho de pertenecer a sus filas. Nuestra relación con el Partido Comunista Sudafricano como organización se basa en el respeto mutuo. Nos unimos con el Partido Comunista Sudafricano en torno a aquellos objetivos que nos son comunes, pero respetamos la independencia de cada uno y su identidad individual. No ha habido intento alguno por parte del Partido Comunista Sudafricano de subvertir al ANC. Por el contrario, derivamos fuerza de esa alianza.

No tenemos la más mínima intención de hacerle caso a aquellos que nos sugieren y aconsejan que rompamos esa alianza. ¿Quiénes son los que ofrecen estos consejos no solicitados? Provienen mayormente de los que nunca nos han dado ayuda alguna. Ninguno de esos consejeros ha hecho jamás los sacrificios que han hecho los comunistas por nuestra lucha. Esa alianza nos ha fortalecido y la haremos aún más estrecha.

Nos encontramos en una fase de nuestra lucha en la que ya se avizora la victoria. Pero tenemos que asegurar que esa victoria no nos sea arrebatada. Tenemos que asegurar que el régimen racista sienta el máximo de presión hasta el final para que comprenda que tiene que ceder, que el camino hacia la paz, la libertad y la democracia es irresistible.

Por eso deben mantenerse las sanciones. No es éste el momento de premiar al régimen del apartheid. ¿Por qué habría de premiársele por derogar leyes reconocidas como un delito internacional? El apartheid aún existe. Hay que obligar al régimen a que lo elimine. Y solo cuando ese proceso sea irreversible podremos comenzar a pensar en disminuir las presiones.

Estamos hondamente preocupados por la actitud que la administración Bush ha adoptado con respecto a este asunto. Ese fue uno de los pocos gobiernos que estuvo en contacto habitual con nosotros para examinar la cuestión de las sanciones y le hicimos ver claramente que eliminar las sanciones sería prematuro. Sin embargo esa administración, sin siquiera consultarnos, sencillamente nos informó que las sanciones norteamericanas iban a ser anuladas. Consideramos que eso es totalmente inaceptable. Es en este contexto que valoramos muy, muy hondamente nuestra amistad con Cuba. Cuando usted, compañero Fidel, dijo ayer que nuestra causa es la causa de ustedes, yo sé que ese sentimiento surge del fondo de su corazón y que es el sentimiento de todo el pueblo de Cuba revolucionaria.

Estamos unidos porque nuestras organizaciones, el Partido Comunista de Cuba y el ANC, luchan en defensa de las masas oprimidas, para que aquellos que crean las riquezas obtengan sus frutos. Su gran apóstol José Martí dijo: "Con los pobres de la tierra quiero yo mi suerte echar".

Nosotros en el ANC siempre estaremos del lado de los pobres y sin derechos. No solamente estaremos junto a ellos. Vamos a asegurarnos de que más temprano que tarde los pobres y sin derechos rijan la tierra en que nacieron y que —como expresa la Carta de la Libertad— sea el pueblo el que gobierne. Y cuando ese momento llegue, habrá llegado no solamente por nuestros propios esfuerzos, sino también gracias a la solidaridad, al apoyo y al estímulo del gran pueblo cubano.

Debo concluir mis palabras refiriéndome a un hecho del cual todos ustedes son testigos. El comandante Fidel Castro me impuso a mi la orden más alta que este país puede conceder. Me siento indigno de esta condecoración porque pienso que no la merezco.

Es un premio que debe otorgársele a aquellos que ya han logrado la independencia de su pueblo. Pero es fuente de inspiración y de renovada fuerza el ver que esta condecoración se confiere al pueblo de Sudáfrica como reconocimiento de que está erguido y lucha por su libertad. Esperamos sinceramente que en los días venideros seamos dignos de la confianza en nosotros que se ve expresada en esta condecoración.

¡Viva la revolución cubana!

¡Viva el compañero Fidel Castro!

FIDEL CASTRO

Castro hablando ante el
mitin del 26 de julio.
*(Foto: Mary-Alice Waters/
El Militante)*

Fidel Castro

Jamás volveremos
al barracón de los esclavos

Querido compañero Nelson Mandela; distinguidas e ilustres personalidades políticas que nos acompañan en la tarde de hoy; familiares de los caídos en las luchas de la revolución; invitados;

Compañeras y compañeros de Matanzas y de todo el país:

Es para nosotros, realmente, un honor inmenso tener aquí en nuestro país y en nuestro acto la presencia de Nelson Mandela [*Aplausos*]. No sé si estamos suficientemente conscientes de todo el simbolismo que esto entraña y, sobre todo, del valor de este ejemplo en éstos tiempos: en estos tiempos bochornosos donde tantos pliegan sus banderas, en estos tiempos indecorosos en que tantos se arrepienten de haber sido alguna vez progresistas, no ya socialistas, o comunistas, o amigos de los comunistas.

Si se quiere tener un ejemplo de un hombre absolutamente íntegro, ese hombre, ese ejemplo es Mandela [*Aplausos*]. Si se quiere tener un ejemplo de un hombre inconmoviblemente firme, valiente, heroico, sereno, inteligente, capaz, ese ejemplo y ese hombre es Mandela [*Aplausos*]. Y no lo pienso después de haberlo conocido, después de haber tenido el privilegio de conversar con él, después de haber tenido el gran honor de recibirlo en nuestro país, lo pienso desde hace muchos años, y lo identifico como uno de los más extraordinarios símbolos de esta era.

Pienso esto de él y de su pueblo, porque si vamos a hablar de las más justas de las causas, es la causa que ellos han representado. Si hay algo repugnante y odioso en este mundo, donde hay unas cuantas cosas repugnantes y odiosas, eso tan repugnante y odioso es el apartheid. ¿Invento de quién, de los comunistas, de los socialistas, del socialismo? [*Exclamaciones de: "¡No!"*]. ¡No! invento que expresa la esencia del capitalismo, invento del colonialismo, invento del neocolonialismo, invento del fascismo.

¿Y en qué se diferencia el apartheid de aquella práctica aplicada durante siglos de arrancar decenas de millones de africanos del seno de su tierra y traerlos a este hemisferio para esclavizarlos, para explotarles hasta la última gota de sudor y de sangre? Quién puede saberlo mejor que Matanzas si aquí en esta parte del occidente del país había tal vez más de 100 mil esclavos. Llegaron a ascender en la primera mitad del pasado siglo a 300 mil en toda Cuba, y una de las provincias donde más esclavos había era ésta, escenario también de grandes sublevaciones. Por eso nada tan justo ni tan legítimo como ese monumento que se acaba de erigir en esta provincia al esclavo rebelde [*Aplausos*].

El apartheid es el capitalismo y el imperialismo en su forma fascista, y entraña la idea de razas superiores y razas inferiores.

Pero el pueblo negro de Sudáfrica no solo ha tenido que enfrentarse al apartheid, ha tenido que enfrentarse a la más brutal desigualdad y represión política, y ha tenido que enfrentarse a la más cruel explotación económica. Se ha tenido que enfrentar a estas tres grandes tragedias, por eso pienso que en nuestra era no podía haber causa más justa que la causa que han dirigido el ANC, el compañero Mandela y otros muchos capaces y brillantes cuadros de esa organización, varios de los cuales hemos tenido el privilegio de conocer en nuestro país.

Hoy los occidentales tratan de congraciarse con Africa, tratan de congraciarse con los que odian el apartheid, pero la gran realidad es que el apartheid fue una creación de occidente, del occidente capitalista e imperialista.

La gran verdad es que occidente apoyó el apartheid, le suministró tecnología, incontables miles de millones en inversiones, incontables cantidades de armamentos y además apoyo político. No, el imperialismo no rompió con el apartheid, el imperialismo no bloqueó al apartheid, el imperialismo mantuvo y mantiene excelentes relaciones con el apartheid. Había que bloquear a Cuba[11] donde hace mucho rato las reminiscencias del apartheid, es decir, la discriminación racial, desaparecieron; había que bloquear a Cuba como castigo por su revolución, como castigo por su justicia social, pero jamás al apartheid. Tomaron contra éste algunas tibias medidas económicas que no tenían la menor trascendencia.

Y son los que ahora —según me contaba el propio Mandela— se preguntan y le preguntan por qué su amistad con Cuba, por qué sus relaciones con Cuba y, como él dijo aquí, por qué sus relaciones con el Partido Comunista Sudafricano, como si todavía el fantasma del comunismo estuviera recorriendo el mundo [*Aplausos*]. Por qué sus relaciones con este pequeño país que tan leal fue siempre a la causa del pueblo sudafricano en su lucha contra el apartheid. Eso demuestra la lógica de los reaccionarios y de los imperialistas.

Estaría mal por parte nuestra resaltar la modesta contribución de Cuba a la causa de los pueblos, pero escuchando el discurso de Mandela pienso, compañeras y compañeros, que es el más grande y el más profundo tributo que se les ha rendido jamás a nuestros combatientes internacionalistas [Aplausos]. Pienso que sus palabras han de quedar como escritas en letras de oro en homenaje de nuestros combatientes. El fue generoso, muy generoso; él recordó la epopeya de nuestro pueblo en Africa, allí donde se manifestó todo el espíritu de esta revolución, todo su heroísmo y toda su firmeza.

¡Quince años estuvimos en Angola! Cientos y cientos de miles de cubanos pasaron por allí y otros muchos miles pasaron por otros países, era la época en que el imperialismo daba cualquier cosa con tal de que Cuba se retirara de Angola y cesara en su solidaridad con los pueblos de Africa; pero nuestra firmeza fue mayor que todas las presiones y fue mayor que cualquier beneficio que nuestro país pudiera sacar si hubiese cedido a las exigencias imperialistas, si es que realmente puede haber alguna vez beneficio en el abandono de los principios y en la traición.

Estamos orgullosos de nuestra conducta, y de Angola regresaron victoriosas nuestras tropas, pero ¿quién lo ha dicho como lo dijo él? ¿Quién lo ha expresado con esa honestidad, con esa elocuencia? Lo que nosotros no hemos dicho porque nos lo impide la elemental modestia, lo ha expresado él aquí con infinita generosidad, recordando que nuestros combatientes hicieron posible mantener la integridad y alcanzar la paz en la hermana República de Angola; que nuestros combatientes contribuyeron a la existencia de una Namibia independiente. El añade que nuestros combatientes contribuyeron a la lucha del pueblo de Sudáfrica y del ANC. El ha dicho que la batalla de

Cuito Cuanavale cambió la correlación de fuerzas y abrió posibilidades nuevas.

No éramos ajenos a la importancia del esfuerzo que allí realizábamos desde 1975 hasta la última hazaña, que fue aceptar el desafío de Cuito Cuanavale —a más distancia que la que hay entre La Habana y Moscú, adonde puede llegarse en 13 horas de vuelo sin incluir las escalas—. Para llegar a Luanda desde La Habana hacen falta de 14 a 15 horas de vuelo, y Cuito Cuanavale estaba allá en un rincón de Angola —en dirección sureste— a más de mil kilómetros de Luanda. Allí nuestro país tuvo que aceptar el reto.

Como les contaba el compañero Mandela, en esa acción la revolución se jugó todo, se jugó su propia existencia, se arriesgó a una batalla en gran escala contra una de las potencias más fuertes de las ubicadas en la zona del tercer mundo, contra una de las potencias más ricas con un importante desarrollo industrial y tecnológico, armada hasta los dientes; a esa distancia de nuestro pequeño país y con nuestros recursos, con nuestras armas. Incluso corrimos el riesgo de debilitar nuestras defensas, y debilitamos nuestras defensas. Utilizamos nuestros barcos, única y exclusivamente nuestros barcos y nuestros medios para cambiar esa correlación de fuerzas que hiciera posible el éxito de los combates; porque a tanta distancia no sé si se libró alguna vez alguna guerra entre un país tan pequeño y una potencia como la que poseían los racistas sudafricanos.

Todo nos lo jugamos en aquella acción, y no fue la única vez; creo que nos jugamos mucho, mucho, mucho también, cuando en 1975 enviamos nuestras tropas a raíz de la invasión sudafricana a Angola.

Allí estuvimos 15 años, repito. Tal vez no habría hecho falta tanto tiempo, de acuerdo con nuestro pensamiento, porque de acuerdo con nuestro pensamiento aquel problema lo que había era que resolverlo y, sencillamente, prohibirle a Sudáfrica las invasiones a Angola. Esa era nuestra concepción estratégica: si queremos que haya paz en Angola, si queremos que haya seguridad en Angola, hay que prohibirles a los sudafricanos que hagan invasiones a Angola. Y si queremos impedirles a los sudafricanos, prohibirles que hagan invasiones, hay que reunir las fuerzas y los medios necesarios para impedírselo. Nosotros no teníamos todos los medios, pero esa era nuestra concepción.

La situación verdaderamente crítica se creó en Cuito Cuanavale, donde no había cubanos porque la unidad cubana más próxima estaba a 200 kilómetros al oeste, lo cual nos llevó a la decisión de emplear los hombres y los medios que hicieran falta —por nuestra cuenta y nuestro riesgo—, enviar lo que hiciera falta aunque fuese necesario sacarlo de aquí.

Cuito Cuanavale es el lugar que se hizo histórico, pero las operaciones se extendieron a lo largo de toda una línea de cientos de kilómetros y se derivó de ellas un movimiento hacia el suroeste de Angola de gran importancia estratégica. Todo eso se simboliza con el nombre de Cuito Cuanavale, que fue donde empezó la crisis; pero alrededor de 40 mil soldados cubanos y angolanos con más de 500 tanques, cientos de cañones y alrededor de mil armas antiaéreas —en su inmensa mayoría armas antiaéreas nuestras que sacamos de aquí— avanzaron en dirección a Namibia, apoyados por nuestra aviación y un aeropuerto de avanzada construido en cuestión de semanas.

No voy a hablar aquí de pormenores y detalles de los combates, estrategias y tácticas, eso lo dejaremos a la historia. Pero íbamos decididos a resolver el problema por nuestra cuenta y riesgo, unidos a los angolanos; íbamos decididos a poner fin de una vez y por todas a las inva-

siones a Angola. Los hechos resultaron tal como los pre-
veíamos —y nosotros no queremos ofender a nadie, no
queremos humillar a nadie—, porque cuando se creó esa
correlación de fuerzas, esa nueva correlación de fuerzas
(y en nuestras manos había una invencible tropa, una invencible e incontenible tropa), se crearon las condiciones
para las negociaciones en las cuales participamos durante
meses.

Allí hubieran podido tener lugar grandes batallas, pero
era mejor ante la nueva situación resolver en la mesa de
negociaciones el problema del respeto a la integridad de
Angola y la independencia de Namibia. Nosotros sabíamos, ¡cómo íbamos a ignorarlo!, que aquellos acontecimientos habrían de influir profundamente en la propia
vida de Africa del Sur, y era una de las razones, una de
las motivaciones, uno de los grandes estímulos que nos
impulsaban. Porque sabíamos que al resolver el problema
allí en Angola las fuerzas que luchaban contra el apartheid
recibirían también los beneficios de nuestras luchas.

¿Lo hemos dicho así alguna vez? No, nunca. Y tal vez no
lo habríamos dicho nunca, porque pensamos que, en primer término, los éxitos que ha obtenido el ANC se deben,
por encima de cualquier solidaridad internacional, por
encima del enorme apoyo externo —de opinión pública
en algunos casos, de acciones armadas en el caso nuestro—
en lo determinante y en lo decisivo al heroísmo, al espíritu
de sacrificio y de lucha del pueblo sudafricano dirigido por
el ANC [*Aplausos*].

Este hombre, en estos tiempos de cobardía y de tantas
cosas, ha venido a decirnos esto que nos ha dicho en la
tarde de hoy. Es algo que no podrá olvidarse jamás y que
nos da la dimensión humana, moral y revolucionaria de
Nelson Mandela [*Aplausos*].

No he apreciado solo las palabras que se relacionan con

nosotros y el hermoso homenaje rendido a nuestros combatientes internacionalistas, demostrándonos que la sangre derramada, los sacrificios, el esfuerzo y el sudor de tantos y tantos cubanos no fueron en vano. He apreciado mucho sus palabras sabias, inteligentes, precisas, reveladoras de una táctica y una estrategia verdaderamente revolucionarias.

Ha explicado aquí con una claridad impresionante lo que se proponen y lo que quieren, cómo desean alcanzarlo y cómo están seguros de lograrlo. Así tenemos aquí a este hombre que pasó decenas de años en la cárcel meditando, reflexionando, estudiando y luchando, convertido en un extraordinario líder político, en un extraordinario luchador, en un invencible luchador.

Estamos seguros de que ya nada ni nadie puede evitar el éxito de esa lucha noble y humana, de esa lucha tan justa que él la sintetiza en una sociedad con igualdad, una sociedad democrática, una sociedad no racista.

Y créanme, compañeras y compañeros, que el ANC se enfrenta a una tarea verdaderamente compleja y difícil, pues a pesar de contar con la inmensa mayoría del pueblo sudafricano no son pocos los ardides, ni son pocos los trucos, ni pocas las maniobras que los reaccionarios han utilizado para obstaculizar el acceso del pueblo de Sudáfrica a sus metas. Pero pienso que si hay algo superior a esas dificultades, es el talento del compañero Nelson Mandela y de los dirigentes del ANC [Aplausos].

Nos sentimos estimulados en este 26 de Julio, y nos sentimos extraordinariamente honrados por la presencia y las palabras de tan ilustre dirigente político y revolucionario, ¡nunca lo olvidaremos! [Aplausos].

Compañeras y compañeros, en medio de tantas cosas que son conmovedoras y que tienen una gran trascendencia histórica, me veo en el deber de hablar de otros temas no tan trascendentes, no tan históricos, pero sí de una enorme importancia para nosotros. Me veo en la necesidad de hablar un poco —y ustedes no podrán exigirme mucho— de aquí, de la tierra donde, como decía antes, el trabajo lo realizaban los esclavos, y donde el trabajo lo realizamos hoy los hombres y las mujeres libres de nuestro pueblo [*Aplausos*].

Ahora somos nosotros los que cortamos la caña. Eramos nosotros los que la cargábamos, ahora son las máquinas; pero nada tendría de extraño que en cualquier momento tengamos que cargarla otra vez a mano, y me pregunto si la cargamos o no la cargamos [*Aplausos y exclamaciones de: "¡Sí!"*]. Ahora somos nosotros los que arrancamos el bledo, el Don Carlos y la cebolleta, sin contar otras decenas de especies; ahora somos nosotros los que cultivamos la tierra, los que cosechamos los frutos; ahora somos nosotros los que creamos las riquezas. Esa es la acción de un pueblo libre, ése es el socialismo. No son los pobres, no son los parias, no son los inmigrantes que sustituyeron después a los esclavos, no son los desempleados que hacían cola en las orillas de los cañaverales. Somos nosotros, todos, en un grado mayor o menor, porque en estos tiempos hemos visto, incluso, ingenieros, médicos, científicos participando en las movilizaciones,[12] y porque vemos todos los años a nuestros estudiantes, a cientos de miles de estudiantes participando en la escuela en el campo o en la escuela al campo, o trabajando en industrias, o montando bicicletas en los talleres, o produciendo piezas de repuesto. Vemos a toda nuestra juventud participar de ese esfuerzo físico que antes hacían los esclavos y después los parias, los pobres, los desheredados, los desempleados o los subempleados. Eso tiene también un alto significado histórico.

Cuando se habla de la obra de los matanceros se habla

de eso, de lo que han creado y lo que están creando con sus manos, dondequiera. No pongamos ahora el énfasis en que somos imperfectos, eso lo sabemos. No pongamos el énfasis en que tenemos todavía muchas deficiencias, eso lo sabemos y no lo olvidamos. Pongamos el énfasis en el esfuerzo que realiza hoy nuestro pueblo; pongamos el énfasis en sus virtudes, en su capacidad de sacrificio, en los frutos de su esfuerzo. Digamos que en el año 1990 —año difícil y año en que se inicia el período especial—[13] y en los meses transcurridos este año, los matanceros han terminado 232 obras, entre obras sociales y obras económicas, principalmente obras económicas, grandes y pequeñas. Van desde el complejo mínimo del puerto petrolero para su arrancada, hasta la autopista entre Matanzas y Varadero que están concluyendo, presas, micropresas, sistemas de riego y drenaje, canales, sistemas ingenieros en el arroz, fundiciones de acero, fábricas de la industria ligera, instalaciones de la industria alimenticia, centros porcinos, pastoreos racionales, infinidad de obras en las que han trabajado con especial fervor los matanceros en los últimos meses —porque debo incluir el esfuerzo especial realizado con motivo del 26 de Julio—; pero fueron 232 obras. Hay también policlínicas, ampliaciones de hospitales, círculos infantiles; incluso, programas que estaban en ejecución y que no estamos desarrollando ahora, simplemente concluyeron sus instalaciones.

No podemos olvidar que en Matanzas se encuentran los más importantes yacimientos petroleros del país y que Matanzas produce alrededor de medio millón de toneladas de petróleo. Es un petróleo pesado y con bastante azufre, pero resuelve muchos problemas. Por ahí hay unas cuantas industrias funcionando con ese petróleo, hay fábricas de cemento funcionando con ese petróleo, y hay productos que están saliendo como derivados de ese petróleo. Le pregunté aquí al director de la empresa cuánto había sido la producción en 1990, cuánto era la de este año, y dice: "Alrededor de medio millón". "¿No se podía producir más?". Dice: "Sí, habríamos podido llegar este año a las 600 mil, pero nos han faltado barcos para la transportación de ese petróleo". Le pregunté por los pozos, cómo iban; por los pedraplenes, cómo marchaba el trabajo a pesar de las dificultades. Y el trabajo avanza, ya tienen en explotación algunos de los pozos de petróleo construidos en los pedraplenes; porque la provincia de Matanzas es la primera productora de petróleo del país.

La provincia de Matanzas produce más del 40 por ciento de los cítricos del país [*Le dicen: "¡Jagüey!"*]. Jagüey, sí, Jagüey, más del 40 por ciento de los cítricos del país [*Aplausos*], y ha elevado esa producción no se sabe si 30 ó 40 veces, al producir ya alrededor de 10 millones de quintales. Es uno de los complejos educacionales productivos más grandes que existan en cualquier parte, con sus sesenta y tantas escuelas.

La provincia de Matanzas tiene hoy el polo turístico más importante del país, que es Varadero, aunque no es el único [*Aplausos*].

La provincia de Matanzas ingresó 77 millones de dólares en bruto —digo en bruto porque de ahí hay que descontar ciertos gastos en divisas—, ¡77 millones en el año 1990! Y aspiran a alcanzar 100 millones de ingresos brutos este año de 1991, para que puedan ustedes apreciar qué avance y qué ritmo lleva ese programa. La provincia de Matanzas puede llegar un día a ingresar cientos de millones cuando ese programa esté terminado, ¡cientos de millones de dólares al año!, cuando tengamos las decenas de miles de habitaciones que debemos tener allí.

El contingente de constructores de Varadero, que recibió aquí también su diploma, ha realizado construcciones por valor de 50 millones de pesos en medio año, ¡en medio año![14] Y espera alcanzar construcciones por valor de 100 millones en total este año [*Aplausos*]. Se ha desarrollado allí una poderosísima fuerza constructora de 7 mil hombres.

Para que tengan una idea, este contingente en Matanzas, solo en Varadero, habrá creado en un año valores similares a las instalaciones de los Panamericanos[15] que se han hecho en 33 meses; ¡es realmente un gran esfuerzo! [*Aplausos*]. Ayer inaugurábamos las instalaciones de los Panamericanos, veintitantas instalaciones nuevas, cuarenta y tantas instalaciones remodeladas, y allí participaron miles de obreros profesionales y cientos de miles de voluntarios, y un valor más o menos similar están creando este año los constructores de Varadero.

Matanzas es una de las grandes productoras de azúcar de Cuba que en los años de revolución tres veces ha sobrepasado el millón de toneladas, y trabaja por convertir esa cifra en una cifra cotidiana.

Debemos decir en honor de Matanzas que de los nuevos centrales construidos por la revolución, el último, el más nuevo, que es el Mario Muñoz,[16] se ha convertido en el más eficiente de todos los centrales nuevos construidos por la revolución [*Aplausos*].

De esas cosas hablaba con los compañeros cuando venían aquí a recibir sus diplomas, de una empresa o de otra, 118 mil toneladas no ha alcanzado ninguno de los centrales nuevos. Eso demuestra también lo que ha avanzado la revolución, que es capaz de construir un central de esa capacidad, donde más del 60 por ciento de los componentes son de producción nacional [*Aplausos*].

¡Miren qué lejos hemos llegado los esclavos! ¡Qué lejos hemos llegado los esclavos! [*Aplausos*].

En Matanzas tenemos facultades universitarias —aquí vino un director—, donde aprenden distintas especialidades mecánicas, económicas, etcétera. En Matanzas se han graduado 1 300 médicos egresados de su facultad de medicina, y miles de sus facultades pedagógicas.

¡Miren cómo hemos avanzado los esclavos!

Matanzas tiene completos sus módulos institucionales de educación, desde la escuela Carlos Marx, a la que no pensamos cambiarle el nombre, hasta numerosas escuelas de diversos tipos [*Aplausos*]. Hay otra allá en La Habana, muy importante, que se llama Vladimir Ilich Lenin, a la que tampoco pensamos cambiarle el nombre [*Aplausos*]; como hay otra —creo que es la de Pinar del Río, sí, cómo no, muy destacada— que se llama Federico Engels, a la que, por supuesto, tampoco le vamos a cambiar el nombre [*Aplausos*]; como no le pensamos cambiar el nombre a la José Martí, de Holguín [*Aplausos*]; a la Máximo Gómez, de Camagüey; a la Antonio Maceo, de Santiago de Cuba [*Del público le dicen: "¡La Che Guevara!"*]; ni a la Che Guevara —me la arrebataste de la boca—, de Santa Clara [*Aplausos*]. Porque una revolución como la nuestra no cambia ni de ideas, ni de nombres [*Aplausos*].

¡Qué lejos hemos llegado los esclavos!

Repito que Matanzas tiene en educación sus módulos completos, numerosas escuelas de todo tipo —no las voy a enumerar—. La universidad, sus instituciones de niños, sus instituciones hospitalarias, sus instituciones culturales —alrededor de 200, muy propio de la Atenas de Cuba, como le llamaron en otros tiempos con justicia y debe seguirse llamando: simboliza los niveles de cultura que alcanzó esta provincia [*Aplausos*]—, sus instituciones deportivas. Por ahí anda la cuenta de las medallas que han ganado los matanceros en estos años de revolución. Como diría [Nicolás] Guillén:[17] ¡Matanzas tiene lo que tenía que tener! [*Aplausos*].

Pero tenemos, sobre todo, nuestra dignidad y nuestra independencia, nuestra valentía y nuestro heroísmo, aún en los tiempos difíciles que vivimos; y los tendremos aún si vienen tiempos más difíciles. ¿De qué nos van a hablar? ¿Del pasado? ¿Del capitalismo? [*Exclamaciones de: "¡No!"*]. ¿De la propiedad privada? ¿De los latifundios? ¿De las corporaciones? [*Exclamaciones de: "¡No!"*]. ¿Del imperialismo? ¿Del neocolonialismo? ¿Para qué nos van a hablar de toda esa basura? [*Exclamaciones de: "¡No!"*]. ¿De qué otra forma calificar todo aquello? Sí. ¿De qué nos van a hablar? ¿De los tiempos de la mendicidad? ¿De qué nos van a hablar? ¿De la época de la prostitución? [*Exclamaciones de: "¡No!"*]. ¿Del saqueo sistemático del tesoro público? ¿De la politiquería? ¿De la explotación despiadada de los trabajadores? ¿De los campesinos sin tierra, o pagando rentas, tantos por cientos de sus producciones?

¿De qué nos van a hablar? ¿De aquella sociedad de la discriminación racial, como ocurría en algunas capitales de provincia, donde los blancos iban por un lado y los negros por el otro, unos por unas calles, o por un paseo del parque y otros por otro? No sé si era Santa Clara o Villa Clara la que tenía una de esas cosas. Y por acá ya me imagino los lugares exclusivos. Eso tenía distintas formas.

¿Nos van a hablar de la discriminación? ¿Nos van a hablar de la prostitución y de todos los vicios de aquella sociedad, de los niños descalzos pidiendo limosnas y sin escuelas, del analfabetismo, o de las mujeres dedicadas al empleo doméstico y a la prostitución directa o indirecta? [*Exclamaciones de: "¡No!"*]. Que no nos vengan a hacer cuentos con su capitalismo, sus economías de mercado y todas las locuras de esa índole, que ya las conocimos y creo que podemos recordarlas.

¿De qué me van a hablar, de Birán, donde viví y crecí como hijo de propietario de tierra, de terrateniente, desde donde pude ver lo que era el capitalismo en los cientos y cientos de niños allí que se quedaban en primer grado, segundo grado o tercer grado, si iban a la escuela? Y el que llegaba a sexto grado se volvía un bicho en seguida y lo convertían en mayoral o algo de eso.

No tengo nada que decir de mi padre como hombre, puesto que siempre tengo muy presente su generosidad, aunque su posición social era ya no la del hijo de un humilde campesino de Galicia, sino la de un señor que poseía grandes extensiones de tierra.

Yo conocí el capitalismo hasta sin haberlo sufrido, viéndolo. Y mucho tiempo tuve después para pensar y meditar sobre lo que era aquella sociedad del plan de machete y de la Guardia Rural; esa Guardia Rural que los yanquis nos organizaron aquí cuando desarmaron al Ejército Mambí,[18] pero esta vez no pudieron desarmar al Ejército Rebelde y se acabó el plan de machete y se acabó la Guardia Rural [*Aplausos*].

¿De qué nos van a hablar? [*Exclamaciones de: "¡Fidel!"* "*¡Fidel!", y "¡Fidel, seguro, a los yanquis dales duro!"*]. ¿De qué nos van a convencer? ¿A los matanceros qué les van a decir? [*Exclamaciones de: "¡Tenemos un socialismo fuerte!"*]. ¿Y a las mujeres de Matanzas qué les van a decir? [*Exclamaciones de: "¡Nada!" y "¡para lo que sea Fidel, para lo que sea!"*].

Antes de la revolución la mujer constituía solo el 10 por ciento de la fuerza laboral y ahora constituye el 40 por ciento. Y no solo eso, sino que esa mujer discriminada, sin otro porvenir que los que mencionaba, el empleo doméstico, o de la prostitución directa o indirecta —porque la escogían a veces para tal y más cual trabajo, para que sirviera de señuelo y de atractivo a los compradores—, esa mujer hoy constituye alrededor del 60 por ciento de la fuerza técnica de Matanzas [*Aplausos*]. De manera que el grueso de las inteligencias desarrolladas en esta provincia son mujeres.

¡Qué lejos hemos llegado los esclavos! [*Aplausos*]. ¿Quién quiere que volvamos a la época de los barracones? [*Exclamaciones de: "¡Nadie!"*]. ¿Y con qué nos van a obligar a volver? ¿Acaso con la amenaza de hambre, con el bloqueo recrudecido con el triunfalismo imperialista después de los desastres ocurridos en el este de Europa? [*Exclamaciones de: "¡No!"*]. ¿Con qué nos pueden amenazar a nosotros que somos los descendientes de Maceo y de Martí, de Máximo Gómez y de Agramonte, del Che y de Camilo, de Abel Santamaría y Frank País?[19] [*Aplausos prolongados*]. ¿Con qué nos van a amenazar, con hambrunas, con bloqueos, con guerras? [*Exclamaciones de: "¡No!"*]. Más bloqueo y más sufrimiento que los que padecieron nuestros antepasados no los podremos sufrir jamás, porque hoy somos dueños de la tierra, ya no pertenece sino al pueblo; hoy somos dueños de las fábricas, ya no pertenecen sino al pueblo; de los medios de producción, de lo que sea. ¡Y nos la arreglaremos, nos la arreglaremos como sea; pero al barracón no volveremos! [*Exclamaciones y aplausos*].

Si nos amenazan con sus armas sofisticadas, allá ellos si creen que no están viéndosela con un pueblo valiente y un pueblo inteligente y que sabe luchar. Y si luchamos allá a 14 mil kilómetros —ni se sabe—, si nos metimos en aquella trampa de Cuito Cuanavale que habían creado los enemigos y que se volvió trampa para ellos, aquí en nuestras costas, en nuestros campos, en nuestras montañas, en nuestras ciudades, en nuestros cañaverales, en nuestras arroceras, en nuestros pantanos, sabremos luchar como luchamos en Cuito Cuanavale [*Aplausos*]; sabremos luchar

"La derrota del ejército racista en Cuito Cuanavale hizo posible que hoy yo pueda estar aquí con ustedes".

NELSON MANDELA

Fidel Castro
le da la bienvenida
a Nelson Mandela
en el aeropuerto de
La Habana.

"¡La sangre de los angolanos era nuestra sangre, y la sangre de los namibios y la sangre de los africanos es nuestra sangre! ¡La sangre de la humanidad es nuestra sangre!"

FIDEL CASTRO

Tropas cubanas en Angola (Fotos: J. González/*Verde Olivo*)

"¡Cuito Cuanavale marca un viraje en la lucha por librar al continente y a nuestro país del azote del apartheid!"

NELSON MANDELA

*"No puede haber
causa más justa que
la causa que ha
dirigido el ANC".*

FIDEL CASTRO

Arriba: celebración
de la excarcelación
de Mandela,
Johannesburgo.
A la izquierda: mitin
patrocinado por el
Congreso Indio de
Transvaal y el ANC.
Arriba a la derecha:
obreros en huelga
cerca de
Johannesburgo.
(Fotos de marzo de
1990: Margrethe
Siem/*El Militante*).
A la derecha:
delegados ante el
congreso nacional del
ANC, julio de 1991.
(Foto: Greg McCartan/
El Militante)

"*En última instancia sabemos que las masas no sólo exigirán sino que ganarán sus plenos derechos en una Sudáfrica no racista, no sexista y democrática*".

NELSON MANDELA

"*Su invariable compromiso con la erradicación sistemática del racismo no tiene paralelo*". NELSON MANDELA

"*Aquí el trabajo lo realizaban los esclavos, hoy lo realizamos los hombres y las mujeres libres*". FIDEL CASTRO

"¿De dónde vino la injusticia? ¿De dónde vino la desigualdad? ¿De dónde vino la pobreza? ¿De dónde vino el subdesarrollo? ¿De dónde vinieron todas esas calamidades si no del capitalismo?" FIDEL CASTRO

"El imperialismo no puede cantar victoria. En lo económico es más débil que nunca". FIDEL CASTRO

Arriba a la izquierda: Camagüey, Cuba. (Foto: Joan Campana/ *El Militante*)
Abajo a la izquierda: Trabajadores voluntarios de la construcción en La Habana. (Foto: Cindy Jaquith/*El Militante*)
Arriba: Puerto Príncipe, Haití (Foto: Tony Savino)
A la derecha: La bolsa de valores en Nueva York.

"Nuestras ideas van más allá de todas las fronteras. Vivimos en el mundo que nos tocó vivir y luchamos por un mundo mejor, por un mundo como aquel que querían Marx y Engels, en que el hombre fuera hermano del hombre y no un lobo".

FIDEL CASTRO

Miembros de un contingente de trabajadores voluntarios de la construcción en la marcha del Día Internacional de los Trabajadores, La Habana, 1 de mayo de 1990. (Foto: Jon Hillson/ *El Militante*)

más todavía de lo que luchamos en Cuito Cuanavale y sabremos resistir más años que los que resistimos en Angola hasta la victoria [*Aplausos prolongados*].

Eso es lo que podemos decir de las armas sofisticadas del imperialismo, que si no fuera porque estamos entre personas decentes, ya le podríamos recomendar qué hacer con ellas [*Risas y aplausos*].

Nuestro ejército es un ejército de millones de hombres y mujeres que van desde los adolescentes hasta los ancianos [*Aplausos y exclamaciones de: "¡Fidel, seguro, a los yanquis dales duro!"*].

¿Con qué van a asustarnos, con sus llamadas armas inteligentes? Es que nosotros somos más inteligentes que esas armas y más inteligentes que los que tienen esas armas; y las nuestras no se pueden subestimar, sobre todo, porque detrás de cada una de ellas hay un patriota, hay un revolucionario [*Aplausos*].

No se puede decir que pantalones, como gritaron por allá [*Risas*] porque eso es machismo; puede haber pantalón o saya, short o trusa, lo que quieran [*Risas*], detrás habrá un patriota de esos que no se dejan engatusar, ni confundir, ni asustar. De modo que con nosotros, señores imperialistas, la cosa es diferente, con nosotros es harina de otro costal; así que al pasado no regresaremos jamás [*Aplausos*].

Batallas ideológicas hay que librar, y grandes batallas ideológicas, porque parece que hoy el imperialismo no tuviera otro enemigo en este mundo, nada más que la pequeña Cuba, este verde caimán del Caribe, como dijo una vez el Che [*Aplausos*].

Ya toda su propaganda, todos sus recursos, todos sus medios no se dirigen contra el antiguo campo socialista, contra la URSS, contra nadie, y le exigen condiciones a todo el mundo respecto a Cuba. Es una vergüenza cómo se dirigen a la URSS y le dicen que si quiere alguna colaboración económica tiene que cesar toda colaboración con Cuba en todos los terrenos. Pero no solo eso, recientemente en un acuerdo del Senado introdujeron una enmienda sobre la relación económica con China en la que le decían que no habría cláusula de nación favorecida —esta es una cláusula que se usa en el comercio internacional y que los chinos tienen, que debe renovarse— si tenían colaboración con Cuba. Se dirigen a grandes potencias, como la URSS, aprovechando la coyuntura de estos tiempos para poner condiciones, ¡condiciones! Vean qué nivel de odio, qué nivel de espíritu revanchista, qué deseo de venganza contra la revolución, qué miseria política y humana. Claro, debo decir también que tanto los soviéticos como los chinos han dicho que no aceptan ningunas condiciones de ese tipo [*Aplausos*]; pero la presión es impresionante, ¡impresionante!, y amenazan con no prestar ningún tipo de colaboración.

Yo no sé realmente si pueden, se lo digo, porque no se puede partir de la suposición que están nadando en oro los imperialistas, y mucho menos los imperialistas yanquis. Los capitalistas tienen dinero, pero no tienen suficiente dinero para satisfacer la demanda. A veces sus posiciones son humillantes, y no se concibe cómo son capaces de dirigirse a grandes países con el lenguaje en que lo hacen, porque esa es una falta de respeto, de elemental respeto a la dignidad de los gobiernos y a la dignidad de los pueblos; pero como algunos están atravesando situaciones difíciles, prácticamente los obligan a ser heroicos frente a las presiones yanquis. Es un descaro inaudito. Pareciera que en el mundo no quedara más que Cuba hacia lo cual enfilar los cañones.

Bueno, cañones y lo que dijo alguien por allí pega, pero no debo repetirlo [*Risas*]. Cañones rima con todo [*Risas*].

Ciertamente no tenía esas intenciones, caballeros, pero veo que se ríen y es verdad, me doy cuenta: cañones y corazones riman perfectamente [*Risas*], quién puede negarlo [*Aplausos*]. Hacia nosotros enfilan los cañones, todos los cañones, esa es la realidad: miren qué honor nos han hecho, miren qué privilegio nos han concedido defendiendo las ideas más justas de la historia de la humanidad, defendiendo las ideas del socialismo y defendiendo las ideas del marxismo-leninismo [*Aplausos*].

A nosotros no vino ningún grupo de apóstoles a enseñarnos marxismo-leninismo. Eso lo aprendimos aquí y, en todo caso, siguiendo las corrientes universales, siguiendo el pensamiento socialista, siguiendo el pensamiento de los grandes revolucionarios del siglo pasado y del presente siglo; porque mientras más conocemos al imperialismo y sus miserias, más socialistas nos sentimos, más comunistas nos sentimos [*Aplausos*].

Acabamos de regresar de una reunión histórica. Es verdaderamente histórica porque por primera vez se produce un encuentro de dirigentes latinoamericanos —en este caso incluyeron dos países europeos, dos países ibéricos—, y por primera vez nos reunimos sin que de Washington nos hicieran una señal;[20] porque para reunir a los líderes latinoamericanos no había que hablar siquiera, bastaba que el presidente de Estados Unidos moviera un dedo y nada más, para allá iba todo el mundo.

Esta vez fueron los latinoamericanos los que organizaron la reunión, los mexicanos, y tuvieron la valentía de invitar a Cuba —porque hay que ser valiente para invitar a Cuba, y los mexicanos tuvieron esa valentía—, que no les gustó ni un poquito a los yanquis [*Aplausos*]. Y cuando no pudieron impedir el viaje, se dedicaron a organizar todo tipo de sabotajes, planes de todas clases —como es de suponer—, a crear problemas y dificultades; pero parece

que todos los tiros les salieron por la culata.
Hicieron una propaganda enorme. Sin embargo allí, en
las masas —no solo en las masas, entre las personalidades, entre dirigentes y cuadros políticos del país, en todo
el mundo— y de modo muy especial en el pueblo y en el
pueblo de Guadalajara, las expresiones de solidaridad y de
simpatía hacia Cuba eran extraordinarias, ¡realmente extraordinarias! [*Aplausos*]. Esto demuestra que los pueblos
no olvidan la historia, que los crímenes imperialistas no se
olvidan, que la masa enorme de publicidad y de campañas
contra la revolución cubana les roza la piel a todos aquellos que tienen aunque sea instinto de clase, y que saben
quiénes están con los pobres de este mundo —como decía
Mandela recordando a Martí—. Saben quiénes están con
los oprimidos y con los explotados, y quiénes están contra
los explotadores, los conquistadores, los colonizadores, los
neocolonizadores y los saqueadores; ¡lo saben! De modo
que allí nos podíamos sentir como aquí, en familia.

Tuvimos que caminar un kilómetro. Había decenas de
miles de personas. Me retrasé porque periodistas y mucha
gente me detenían. No pude ir en la primera fila, tuve que
ir casi en la última, iba solo por ahí, como una paloma
[*Risas*]; pero encantado, feliz. Mientras más planes habían
preparado, más contento estaba yo, más gusto me daba
[*Aplausos*]. Aunque debo decir, con toda justicia, que las
autoridades mexicanas organizaron el evento muy bien y
tomaron las medidas que consideraban adecuadas, dentro
de lo posible, porque ustedes saben que solo dentro de lo
posible se pueden tomar determinadas medidas de seguridad.

Lo demás es placer, porque cuando uno desprecia al
enemigo experimenta un cierto placer. No creo que sea
una falta, es algo que tengo que agradecerles a los enemigos: el gusto que me dan cuando se enloquecen, se ponen

a inventar cosas y fracasan [*Risas*].

Decía que esta reunión tuvo carácter histórico. Debo decir, además, que allí en aquel conjunto de dirigentes pude apreciar a muchas personas con capacidad, y una parte de ellas con notable capacidad. Los propios yanquis hicieron todo lo posible para tratar de que entre ellos surgiera gente que quisiera atacar a Cuba, polemizar con Cuba. Y la verdad es que el éxito que tuvieron fue muy, muy poco, podemos decir que ninguno, independientemente de diferencias políticas o ideológicas, independientemente de que algunos están, unos poquitos, en perfecta sintonía con el pensamiento de Washington: no de Washington el fundador de Estados Unidos, sino de la capital del imperio.

En general, allí prevaleció la amabilidad, la cordialidad y el respeto entre todos por encima de diferencias ideológicas. Aunque yo sabía el momento en que estábamos viviendo: una de las características de este momento es la tremenda ola de neoliberalismo que hay en toda la América Latina, y en todo el mundo; puede decirse casi que es mundial, pero de manera especial en América Latina. Es decir, el capitalismo está de plácemes con motivo de los desastres políticos de los países socialistas del este de Europa por razones que no es el lugar adecuado analizar.

Tenemos nuestros pensamientos sobre todas estas cuestiones y teníamos nuestras ideas desde hace mucho tiempo. Y entre los que tenían ideas muy claras, muy claras, clarísimas, más claras que las aguas de Varadero, estaba el Che [*Aplausos*], como profeta que hubiese vislumbrado los frutos que tendrían algunas de las prácticas de la construcción del socialismo, independientemente de factores históricos y del hecho de que tal sociedad se iniciara en los países más pobres de Europa, con la ayuda de un país como la URSS que había sido destruida dos veces en menos de 25 años frente a un imperio que, al final de la

Segunda Guerra Mundial, acumuló todo el oro del mundo
y que no perdió ni un solo tornillo de su industria, ni un
solo átomo de su economía en los años de guerra.
Hay que hacer estudios serios y profundos. No es ni
siquiera éste el momento adecuado de hacerlo, cada cual
debe ser responsable de sus propios hechos y de sus propios actos. Y la revolución Cubana es responsable, históricamente, de sus propios hechos y de sus propios actos. Y
vean bien que decimos "sus", porque fueron nuestros y no
de otros. Tenemos nuestras ideas, nuestras concepciones,
y hemos hecho las cosas a nuestra manera.

Nosotros no tenemos que inventar hoy, por ejemplo, la
pequeña propiedad agrícola, porque aquí tenemos 70 mil
pequeños propietarios agrícolas, 70 mil escuelas para saber
lo que es la propiedad agrícola y cómo se puede trabajar
con ellos y coordinar.[21] No tenemos que ponernos a repartir empresas estatales o cosas por el estilo, porque en nuestro país sería la locura del siglo. No alcanzaría Mazorra
con todas sus capacidades para albergar allí al loco que se
le ocurriera hacer semejante cosa —digo Mazorra, el viejo
nombre, el Hospital Psiquiátrico de La Habana, el mayor
del país y uno de los más famosos y mejores del mundo. De
modo que hicimos las cosas a nuestra manera.

Aquí no hubo colectivización forzosa ni cosa pareci-
da, ni ninguno de los fenómenos que se dieron en otros
lugares, y si se dieron algunos negativos fue porque los
copiamos de una manera incorrecta. Porque lo peor es
copiar. Eso no significa menospreciar en lo más mínimo
la experiencia de otros, no, son cosas diferentes. Además,
nunca nadie nos dio órdenes, ni siquiera se atrevió nadie a
tratar de dar órdenes. No había, ni hay, ni habrá nadie en
el mundo que nos pueda dar órdenes [*Aplausos*].

Con motivo de esos problemas del socialismo: el socialismo es muy nuevo, recién salido del cascarón. Porque

las bases y la esencia del capitalismo tienen miles de años, como por ejemplo, la propiedad privada. Solo que durante miles de años eran objeto de propiedad no solo las cosas, sino también los hombres, desde la famosa Grecia. Y en ese sentido lo de Atenas no resulta demasiado simbólico sino como experiencia histórica o como admiración justa por el arte que fueron capaces de desarrollar. Pero era una sociedad esclavista, cuatro gatos se reunían en una plaza y decían: "Eso es democracia". El resto de los ciudadanos no tenían derecho y la inmensa mayoría eran esclavos. Se pone usted a leer los escritos de los filósofos de Grecia y en algunos de ellos aparecen sus testamentos y hablan mucho cuando legan, cuando hacen un documento diciendo a quién le dejan sus propiedades, y siempre dicen: "Gozo de buena salud, pero por si acaso..." Así empezaban, por lo general, los testamentos, y continuaban diciendo: "Lego tal esclavo a éste, a éste..." Digo, si hasta los filósofos que eran gente sabia y se creían justos tenían un montón de esclavos. Por eso no podemos poner de ejemplo aquel tipo de democracia.

El capitalismo viene de la época de Homero y aun antes de Homero; sus bases tienen miles de años. El socialismo tiene apenas decenas de años, está en pañales; diríamos que el socialismo está en esa etapa que en los hospitales maternoinfantiles llaman perinatal. El socialismo está en fase perinatal, que son esos primeros seis o siete días de vida del niño, que son los más peligrosos y hay que tener cuidados especiales. Nosotros hemos creado salas de servicios intensivos perinatales, como parte de nuestro programa para la protección de la salud de los niños.

Es decir, es lógico que el socialismo, la más justa de todas las ideas, tenga que atravesar períodos y dificultades. En algunos países desapareció. Hay casos como el de la antigua República Democrática Alemana, de donde ahora llegan noticias que son horripilantes, ¡el apartheid en la RDA! Quizás el ANC tenga que darles asesoramiento político a los negros, a los asiáticos, a los mestizos, a toda esa gente que, por una razón o por otra, fueron a parar a la RDA. Ahora los persiguen por las calles y se han dado casos de linchamiento de vietnamitas, de mozambicanos, de angolanos —no sé si le toque en suerte a algún cubano que se haya quedado por allá—. Los persiguen grupos fascistas como una manifestación de xenofobia, odio racial. Eso es lo que ha venido a sustituir a aquella sociedad, el renacimiento de los sentimientos más repugnantes de odio racial, de arrogancia y de la idea de la superioridad racial fascista. Esas noticias llegan independientemente de otras, porque han empezado a conocer el beso de amor del diablo, el beso de amor del capitalismo, a pesar de que todavía no están en pleno capitalismo; solamente marchan hacia el capitalismo y se dan fenómenos de esa naturaleza.

Hay algunos que se olvidan de que China es un país socialista que mantiene inalterables los principios del socialismo y tiene 1100 millones de habitantes, como si no fueran nada los habitantes de ese país donde se acabaron las hambrunas, las calamidades que durante miles de años azotaron a esa nación. Ahora están padeciendo algunas calamidades grandes, inundaciones, lluvias como hacía 100 años que no tenían lugar; pero allí está el estado socialista, está el partido, está el gobierno y no quedará ninguna de aquella gente desamparada. Es doloroso, porque sabemos el enorme esfuerzo que han realizado en la construcción de embalses, canales, y el daño que les pueden hacer en la agricultura; pero allí no se morirá nadie de hambre, de eso estoy seguro, allí no se morirá nadie por falta de asistencia médica.

La URSS atraviesa problemas muy serios. Es impredecible la evolución de los acontecimientos; esperamos que evolucionen de la forma más positiva posible.

Toda esta situación ha llevado al imperialismo a un enorme triunfalismo, ha llevado al escepticismo a muchas fuerzas progresistas y a muchas fuerzas de izquierda en el mundo. Hay gente que quisiera morirse de oportunismo antes que recordar que militó en un partido comunista, que siente miedo de haber militado en un partido comunista, que siente miedo del inmenso honor de haber militado en un partido comunista. Porque militar en un partido comunista, cualesquiera que sean los errores que cometa ese partido, será siempre el más grande honor, porque no es lo mismo militar en un partido de los pobres que en los partidos y en los clubes de los millonarios y de los saqueadores [*Aplausos*].

De cualquier error se podrá acusar a los comunistas, menos de ser explotadores del hombre por el hombre, menos de haber apoyado la explotación del hombre por el hombre.

Todo lo ocurrido ha creado confusión y una oleada de neoliberalismo. A ello se unen otros factores: la deuda externa, las exigencias del Fondo Monetario Internacional, del Banco Mundial, de las instituciones financieras internacionales que les dicen: "Si no haces esto, no te damos un centavo", y los obligan.

Hay algunos que creen en el neoliberalismo y hay otros que no les queda más remedio que creer, porque si no no les dan un solo centavo, entonces hay una ola de privatizaciones. Lo que está de moda son las privatizaciones, las empresas privadas y las economías de mercado, una nueva forma extraña, rara de llamar las cosas, que no se entiende bien y no se sabe si los que la mencionan y la repiten lo entienden. Pero economía de mercado, iniciativa privada, propiedad privada, empresa privada, solo tiene un nombre: capitalismo, más nada. Ya dan por desechadas las ideas del socialismo como algo prehistórico, como si lo prehistórico verdaderamente no fuera el capitalismo, el colonialismo y el neocolonialismo; y lo nuevo, lo verdaderamente nuevo, el socialismo.

Algunos han dicho con relación a Cuba: "Queremos cambios". Si nosotros hemos hecho más cambios que nadie en 30 años, si nosotros en 30 años hemos hecho los cambios que no se hicieron en 3 mil años. Y les he dicho: Lo que quieren no es cambio, sino recambio, ¡y recambio no habrá! Esa es una realidad [Aplausos].

Desde luego, la mayoría del pensamiento en muchos de los dirigentes latinoamericanos es la cuestión del capitalismo y del neoliberalismo, unos más, otros menos, en una situación sin alternativas.

Hay un lenguaje nuevo, se habla mucho de la justicia social, redistribución de riquezas. En un cierto momento pedí la palabra para expresar que cuando oía afirmar y repetir eso experimentaba alucinaciones, que por momentos me parecía estar en una reunión de líderes de partidos políticos radicales de izquierda, y que seguramente era la influencia de los cuadros de [José Clemente] Orozco que estaban en el techo de aquel salón donde estábamos reunidos, unos cuadros muy revolucionarios que habían allí, pero con la fantasía de un gran pintor como lo fue Orozco. Dije que de todas maneras me alegraba de que se hablara de justicia social y de redistribución de las riquezas, que podía significar tal vez que se tomaba conciencia. Más o menos esas fueron mis palabras.

No hay duda de que entre todos los dirigentes políticos se habla del tema de la redistribución y de la justicia social, eso no falla. Yo me preguntaba: Pero, ¿de dónde vino la injusticia?, ¿de dónde vino la desigualdad?, ¿de dónde vino la pobreza?, ¿de dónde vino el subdesarrollo?, ¿de dónde vinieron todas esas calamidades si no del capitalismo? ¿Y de dónde vino el colonialismo si no del capitalismo?, ¿y el neocolonialismo y el imperialismo, si no del capitalismo? Parece que los creadores del cielo y de la tierra son los culpables de que haya pobres y que el sistema social no tiene nada que ver con eso, que el capitalismo no tiene nada que ver con eso. ¡Es increíble! Ese es el lenguaje, ése es el pensamiento, ésa es la doctrina.

Querer resolver esos problemas a través del capitalismo, en un mundo que se ha dividido entre países capitalistas inmensamente ricos y una mayoría de países inmensamente pobres como consecuencia precisamente del capitalismo, del colonialismo, del neocolonialismo y del imperialismo; en este mundo pensar que las recetas neoliberales van a promover el milagro del desarrollo de nuestros países es una ilusión increíble, porque es como querer apagar el fuego con gasolina.

Es como si no supiéramos las cifras. Hay países en América Latina donde el 5 por ciento de la población recibe hasta el 50 por ciento de los ingresos, y donde el 30 por ciento ó 40 por ciento de la población recibe un 10 por ciento, una desigualdad, una injusticia increíbles.

Toda esta pobreza que padecen los países latinoamericanos es un fruto directo del capitalismo. Pero se elaboran teorías y más teorías de que la iniciativa privada es generadora de riquezas y de que para que haya justicia social tiene que haber capitalismo, la empresa privada, la economía de mercado y el sistema capitalista puro, tan puro como en el siglo pasado. Y las consecuencias de todo eso se tratan de encubrir con las palabritas "redistribución de riquezas".

Redistribuyen un poco de riquezas allí en Europa y en los países que saquearon al mundo, los que, aunque tienen decenas de millones de desempleados, tienen algo que dar-

le al desempleado durante un tiempo. Pero en estos países
de América Latina, hay muchos donde la diferencia entre
los ingresos de una parte de la población y los ingresos de
otra parte de la población es de 40 a 1. El capitalismo no
tiene ni la posibilidad, ni la moral, ni la ética, ni la voluntad de resolver los problemas de la pobreza.

Ahora bien, ¿en América Latina cuantos pobres hay? Según un congreso que se acaba de celebrar hace unos meses
en Quito —un congreso sobre la pobreza—, en América
Latina hay 270 millones de pobres; de ellos, 84 millones
de indigentes. Esa es la situación del conjunto de América
Latina. Cuando hablo de América Latina, hablo del conjunto; hay diferencias importantes entre un país y otro.
Hay países en América Latina que tienen unos ingresos
extraordinarios por exportaciones altamente valoradas
en el mercado mundial. Son muy ricos. Otros son mucho
más pobres; se les hace más soportable la situación a aquellos que tienen grandes ingresos que a los que tienen muy
pocos. Los que tienen grandes ingresos de exportaciones
tienen menos dependencia de los organismos financieros
internacionales, pueden maniobrar un poco más.

Pero la calamidad social llega a todas partes. Hay no
menos de 20 millones de niños sin hogar en América Latina; otros dan cifra de 30 millones de niños sin hogar en el
conjunto de América Latina, por las calles. Hay millones
de niños en edad escolar que trabajan más de ocho horas.

El número de niños en el conjunto de América Latina
que termina la enseñanza primaria es de 44 por cada 100
que ingresan. Es que me recuerda Birán, pasa lo que allí
pasaba: una escuelita pública, un maestro, no había recursos, no había nada. Los padres se llevaban los hijos a
trabajar en el campo, o a hacer cualquier cosa, o no tenían
ropa, ni zapatos, ni comida para ir a la escuela. Es decir
que, según los datos que he leído, 56 no llegan a sexto gra-

do. Calculen los que llegan a secundaria básica, y a pesar de eso llegan millones, después saturan las universidades y luego no tienen empleo. Llega una parte pequeña de los niños a primaria y a secundaria, y a pesar de todo hay millones en las universidades. Esa es una fuerza explosiva, todos esos intelectuales universitarios que más tarde no tienen empleo.

La mortalidad infantil en América Latina está alrededor de 60 por cada mil nacidos vivos en el primer año de vida. La mortalidad de menos de cinco años —incluye, por supuesto, a los menos de un año— entre el 70 y el 80 por cada mil. Hay países que tienen menos, bastante menos, y hay otros que tienen bastante más.

Del 30 por ciento al 40 por ciento de la fuerza laboral activa está desocupada o semiocupada en América Latina. La desnutrición abarca entre 80 [millones] y 100 millones de personas. Las perspectivas de vida no alcanzan los 70 años como promedio, están muy por debajo de los países desarrollados.

Esto de escuelas especiales para toda la población ni soñarlo. Esto de médicos de la familia parecería un cuento que trajo un viajero de una estrella lejana. Los niveles que tenemos de maestros per cápita, de médicos per cápita, todas esas cosas ni en sueños. En cambio hay médicos a veces haciendo otros trabajos que no tienen nada que ver con la profesión, trabajos manuales.

La propia Matanzas es un ejemplo de lo que ocurría antes. Aquí había doscientos treinta y tantos médicos —creo que 236— ahora tiene 1900; enfermeras había 116, ahora tiene 4 mil entre enfermeras y auxiliares. Añádanles los miles de técnicos que antes no existían en el servicio de salud.

Todas esas calamidades están presentes en América Latina. Todas las capitales de América Latina están rodeadas de barrios de indigentes, y muchas veces en las poblaciones de las capitales es mayor el número de los que viven en las villas miseria y barrios indigentes que el de los que viven en condiciones normales.

Están rodeadas de villas miseria todas las capitales, sin una sola excepción.

¿Y quién tiene la culpa de eso? ¿Es que el capitalismo es ajeno a ese problema? ¿Es que el colonialismo y el neocolonialismo son ajenos? ¿Es que el imperialismo yanqui es ajeno a ese problema? Cómo van a venir ahora con la teoría de que la receta es ésa: más capitalismo para desarrollar a los países.

Nosotros somos un país que hemos dependido de la caña de azúcar fundamentalmente, no tenemos grandes recursos de esos por los cuales se paga cualquier cosa en el mundo; no tenemos mares de petróleo en nuestro subsuelo que nos dieran miles de millones cada año. Nuestra población, incluso, es una población que tiene tantos habitantes por kilómetro cuadrado casi como China, nos acercamos a los 100 habitantes por kilómetro cuadrado. En nuestro país tenemos que ganarnos el pan duramente. A pesar de eso exportamos calorías para 40 millones de personas en el mundo. Ahora estamos entrando en otros campos, estamos entrando en el campo de la ciencia, la biotecnología, otras muchas cosas. Estamos entrando en el campo del desarrollo de esos recursos naturales fabulosos que tenemos, de las bellezas de nuestro país y de las playas de nuestro país, que vienen a ser como nuestro petróleo, y tenemos que explotarlos.

Tenemos otros campos en que, con el apoyo de la ciencia y la técnica, nos estamos desarrollando bastante. Tendremos que conquistar con inteligencia y con tesón nuestro lugar en este mundo y nuestra independencia económica, no nos queda más remedio, en condiciones difíciles. Cuando se ha producido la catástrofe allá en el este de Europa, cuando la URSS atraviesa enormes dificultades, cuando el imperialismo es más triunfalista que nunca, cuando el neoliberalismo está de moda, cuando tenemos un bloqueo rígido y cada vez más rígido de los imperialistas, en esas condiciones tenemos nosotros que abrirnos paso. Es nuestro deber más sagrado y más elemental si queremos tener patria, si queremos conservar no solo las conquistas de nuestra revolución, sino la soberanía y la independencia de este país que tanto trabajo costó alcanzarlas.

Pues bien, somos un país de escasos recursos y, sin embargo, ninguno de esos fenómenos que mencioné existen en Cuba. En Cuba la mortalidad infantil el año pasado fue de 10.7 por cada mil nacidos vivos, estamos por encima de muchos países desarrollados, la de menos de cinco años fue de 14. Son cifras impresionantes. Nuestra perspectiva de vida está alrededor de los 76 años y sigue hacia arriba.

El analfabetismo desapareció hace rato. Casi el ciento por ciento de los niños que inician la primaria la terminan, más del 90 por ciento de los que están en las edades correspondientes están en la secundaria; el nivel de escolaridad de los trabajadores, en algunas provincias como Matanzas, es de 10 grados.

No conocemos el fenómeno de las villas miseria, como regla, salvo casos muy aislados que, pese a los esfuerzos, se han creado. El fenómeno de la desnutrición es una cosa insignificante, niños desnutridos aquí aparecen por enfermedad en los hospitales, o por descuido de la familia.

No se puede decir que no haya un empleo para el que quiera trabajar en este país, aun en período especial, porque siempre hay que hacer muchas cosas, incluso cuando nos faltan materias primas en las fábricas.

Más de 20 mil graduados universitarios, aun en período especial, reciben su puesto de trabajo: ingenieros, economistas, ingenieros agrónomos, todos. Solo del área de la ingeniería y de la economía hay como 8 mil, y ya se sabe dónde van cada uno de ellos. Es muy posible que no los necesiten ahora nuestras fábricas, pero no los mandamos para la calle, los ponemos al lado de otro ingeniero para que sigan aprendiendo, adquiriendo experiencia, para que se constituyan en una reserva de ingenieros y de cuadros técnicos. Pero nuestra sociedad, solidaria y humana, no envía a nadie para la calle, no deja a un solo graduado sin empleo, reparte lo que tiene. Y ése es el socialismo, ésa es la justicia social, reparte lo que tiene [Aplausos]. Si tiene mucho puede repartir mucho y si tiene poco puede repartir poco, pero reparte lo que tiene, no deja a nadie desamparado.

No hay una sola madre en este país desamparada, o porque es madre soltera o porque tuvo un hijo o dos. Y algunas han tenido hasta siete, más o menos, con un nivel de irresponsabilidad inmenso; pero el estado no deja que pasen hambre los siete y llega la seguridad social y son atendidos.

Todos los trabajadores están amparados por la seguridad social. Toda la población tiene derecho a la salud gratuita —aunque sea el trasplante del corazón— y a los centros de educación. Eso es el socialismo.

Claro, como nos declaramos enemigos de los grandes monopolios, nos declaramos enemigos del imperio, no nos quieren perdonar eso. ¿Cómo pueden perdonar que un pequeño país del que pensaban apoderarse a lo largo de la historia, como manzana madura que cayera por sí sola de la mata, haya hecho una revolución social? Harán todo lo posible por barrer de la historia este proceso revolucionario, este ejemplo. No se resignarán.

Pero hay dos gentes que no nos resignamos. Ellos no se resignan a la revolución y nosotros no nos resignamos jamás con volver al pasado. No nos resignamos jamás con volver a ser una neocolonia y una posesión yanqui, ¡jamás! [*Aplausos*]. Vamos a ver cuál de las dos resignaciones es más tenaz y cuál de las dos tiene más fuerza [*Del público le dicen: "¡Nosotros!"*]. La América Latina está en este dilema. No es fácil el problema de la América Latina y el Caribe. Son 446 millones de habitantes y dentro de 25 años serán 800 —la población que hoy tiene la India—, con todos estos problemas de que hablé. Y hay hombres, hay destacados dirigentes políticos en los gobiernos y entre las personalidades con las que yo me encontré, que comprenden estos problemas.

A la América Latina no le queda otra alternativa que integrarse, unirse. Fue lo que soñaron siempre los fundadores de estas repúblicas, fue el sueño esencial de [Simón] Bolívar[22] y casi 100 años después el de Martí.

Era lógico, por eso fue en aquella reunión una frase dura, pero la dije, pensando en la historia de este hemisferio desde las luchas por la independencia: "Pudimos serlo todo y no somos nada". Me referí a la comparación entre lo que es hoy América Latina dividida, balcanizada, frente a una Comunidad Económica Europea poderosísima y cada vez más proteccionista; frente a una potencia como Japón, poderosísima económicamente y cada vez más proteccionista; y Estados Unidos, el otro tercer gran polo económico entre los países ricos, desarrollados, que son dueños de todo el oro y las divisas del mundo, y que administran las instituciones internacionales de créditos.

Ante la nueva situación creada a nivel internacional empieza a ser la preocupación número uno de Estados Unidos su competencia con Europa, con Japón y sus socios. Quiere asegurar su patio trasero que es América Latina y lanza la llamada Iniciativa para las Américas. Esa iniciativa choca con la vital e indispensable integración de América

Latina, porque se basa en una serie de acuerdos bilaterales con los países a fin de desarrollar formas neocoloniales de comercio caracterizadas, fundamentalmente, por el intercambio desigual. Buscan materia prima y mano de obra barata para sus capitales.

El desarrollo de semejante política choca con la idea del comercio entre las naciones latinoamericanas y la integración económica de América Latina que es su única salvación posible. El comercio de los países de América Latina entre sí es insignificante: en 1970 era un 12 por ciento de sus exportaciones, y ahora es un 13 por ciento. En cambio el comercio entre las grandes potencias económicas y el comercio entre los países de los grandes bloques económicos crece constantemente.

Esta iniciativa amenaza a la integración de América Latina y la amenaza con integrarla a la economía de Estados Unidos, que de los tres bloques es el que está peor. Nadie se imagine que Estados Unidos está en un lecho de rosas desde el punto de vista económico. Se ha vuelto un país incapaz de competir, no puede competir con Europa ni puede competir con Japón. Y, dentro de Europa, una de las potencias vencidas en la Segunda Guerra Mundial, Alemania, es la más poderosa; Japón, otro de los vencidos, es muy poderoso.

Un periodista de la televisión norteamericana que me hizo una entrevista —decía que era para el deporte y habló un poco de deporte y todo el resto fue de política— me comentaba que la URSS se había arruinado en la carrera armamentista con Estados Unidos. Y yo le dije: La URSS sola no. La URSS será la primera arruinada, pero los segundos son ustedes porque ustedes están arruinados también. ¡No canten victorias!, le dije [*Aplausos*].

Ahora, ¿qué ocurre en Estados Unidos?, y me perdonan que me extienda un poquito más para que esta idea quede clara. Estados Unidos fue el centro del capitalismo, el más rico de todos los países, el más competitivo. Después de la Segunda Guerra Mundial tenía la hegemonía total y esas posiciones las ha perdido. En muchas industrias de vanguardia como automóviles, química, electrónica, acero y otras, ha perdido el lugar que tenía, lo han ocupado otros competidores.

En Estados Unidos, en los años siguientes a la guerra, la tasa de ganancia del capital invertido era hasta del 24 por ciento. La tasa de ganancia en el capitalismo es muy importante, porque es el dinero que disponen para invertir más y continuar el desarrollo. Y la tasa de ganancia que antes de los años cincuenta era del 24 por ciento, hoy es de alrededor del 8 por ciento, la tercera parte.

La tasa de ahorro —como dicen los economistas— es otra cuestión importantísima en el capitalismo. ¿Qué dinero ahorra la gente de lo que recibe? Lo depositan en los bancos, los bancos lo prestan y se invierte. Estados Unidos históricamente se caracterizó por un ahorro alto, por determinadas virtudes. Y según me contaba un dirigente con el que conversé, hay países en Europa en que por cada peso la gente ahorra 30 centavos, y en Estados Unidos por cada dólar la gente ahorra 5 centavos. Eso es un índice terrible en un país capitalista como Estados Unidos.

La deuda de Estados Unidos es de 10 millones de millones de dólares —fíjense, no 100 mil, ni 500 mil, ni un millón de millones: 10 millones de millones—, entre la deuda pública y la privada. La del estado es de 3 millones de millones, aproximadamente, y el resto de empresas, de individuos. Es decir, es un país que debe dos veces el Producto Interno Bruto: produce 5 millones de millones y debe 10 millones de millones. Eso también es un índice muy negativo para ese país; y sigue creciendo esa deuda.

La gente se ha acostumbrado a vivir de rentas e intereses y de especulaciones, y ese país gasta mucho más de lo que produce. Baste señalar que, por ejemplo, ahora, con una recesión que han tenido desde mediados de 1990, se anuncia que el déficit presupuestario de Estados Unidos, en el año fiscal que comienza en octubre, será de 350 mil millones de dólares. Es una cifra fabulosa, aun para una economía grande como la de Estados Unidos.

Precisamente lo que les prohiben a los demás es lo que hacen ellos: dicen que no debe haber déficit presupuestario, que no debe haber déficit en el comercio, y tienen un déficit en el comercio de alrededor de 100 mil millones; y tienen además un elevado porcentaje del Producto Interno Bruto como déficit presupuestario de Estados Unidos. Eso no se lo admite el Fondo Monetario ni el Banco Mundial a ningún país de América Latina, tener un déficit fiscal equivalente al 7 por ciento o al 8 por ciento del Producto Interno Bruto. Estos organismos, el Fondo Monetario y el Banco Mundial, les exigen que sea cuando más el 2 por ciento, el 1.5 por ciento, el 1 por ciento o el 0 por ciento.

Estados Unidos hace 10 años tenía inversiones en el exterior que superaban en 140 mil millones las inversiones que otros países tenían en Estados Unidos, y en solo 10 años ha pasado de un saldo positivo de 140 mil millones a un saldo negativo de más de 600 mil millones de dólares. Es decir, que los extranjeros o los países capitalistas que tienen inversiones allí, superan considerablemente las inversiones de Estados Unidos en el exterior. Todos estos son fenómenos absolutamente nuevos, por eso les decía que de dónde van a sacar dinero si de verdad quisieran ayudar a otros, si de verdad quisieran ayudar a la URSS.

Algunos economistas soviéticos en reuniones con economistas de Harvard han hecho unos cálculos de lo que hace falta de ayuda exterior para desarrollar la economía de mercado en la URSS y se refieren a decenas de miles de millones de dólares por año. ¿Dónde está ese dinero? Hoy todo el mundo está pidiendo dinero. Los países del este necesitan dinero en cantidades grandes; la URSS —según afirman algunos de sus economistas— necesita dinero en cantidades muy grandes; el Medio Oriente necesita dinero en cantidades enormes; y la América Latina, que debe 430 mil millones y ha entregado dinero neto en los últimos ocho años por valor de 224 mil millones, necesita cuantiosas sumas. Por mucho neoliberalismo y mucho capitalismo que inventen, ¿de dónde van a sacar dinero en estas condiciones para su desarrollo? Si en vez de recibir dinero tienen cada vez menos participación en el comercio mundial, reciben cada vez menos créditos y remiten al exterior cantidades enormes de dinero, mucho más del que reciben.

Según los especialistas la demanda de dinero en el mundo supera en más de 200 mil millones la oferta. No hay suficiente dinero para todas esas demandas: América Latina, Medio Oriente, países del este de Europa, Unión Soviética. Pero lo peor de todo es que el que más dinero necesita es Estados Unidos, porque ¿de dónde saca dinero para cubrir ese déficit fiscal de 350 mil millones que va a tener el año que viene? ¿De dónde saca dinero para sufragar el déficit comercial de 100 mil millones? Estados Unidos se ha convertido en un pulpo, en un succionador gigantesco de dinero, y ellos mismos necesitan más dinero que nadie.

De modo que si la América Latina se va a integrar a la economía de Estados Unidos, se va a integrar a la economía de un país arruinado; y le va a tocar la peor parte, porque lo que exporta América Latina hacia Estados Unidos es principalmente combustible y materias primas. El 60 por ciento de lo que exporta son combustibles y materias primas, y menos del 30 por ciento productos manufacturados. Es el ideal del imperialismo: comprar materias primas barato, combustibles, y vender caro, bien caro los productos manufacturados; y América Latina necesita entrar en el comercio mundial con productos manufacturados. Ese es el tipo de problemas y el desafío que tienen los países latinoamericanos. Son muy serios. Ustedes me excusan que me haya extendido un poco porque quería trasmitirles algunas de las ideas de las realidades de lo que está ocurriendo en este mundo. La famosa Ronda de Uruguay —la habrán oído mencionar muchas veces— no avanza.[23] Consiste en una serie de negociaciones y de fórmulas que se han elaborado para tratar de promover el comercio mundial. Y cada día hay más proteccionismo en Europa, más proteccionismo en Japón y en Estados Unidos; y las medidas proteccionistas solo en parte son arancelarias. Hay otras muchas formas de proteccionismo: a veces establecen requisitos imposibles para aprobar un producto que un país del tercer mundo quisiera exportar; a veces le ponen cuotas para que no se exceda. Y a la economía de América Latina, aparte de todas estas calamidades, la amenaza el fenómeno de los tres grandes bloques económicos y sus tendencias a crear cotos cerrados en el campo económico. De manera que es muy duro el futuro de los pueblos de nuestro hemisferio, por eso a nosotros nos pareció un primer paso importante, histórico, que llegaran a reunirse por cuenta propia.

No hay que hacerse ilusiones, no hay que hacerse muchas esperanzas. Este es un proceso largo y difícil; el mundo no tiene una situación muy floreciente en el campo económico. Estados Unidos padece de todas estas calamidades que mencioné y algunas más; el imperialismo no puede cantar victoria. Estados Unidos es más poderoso que nunca en lo militar; en lo político tiene una enorme influencia; pero en lo económico es más débil que nunca y tiene problemas muy serios.

El mundo verá ahora cómo evoluciona este fenómeno de la competencia entre los grandes bloques económicos, esta gigantesca demanda de capital frente a una oferta limitada, y cómo sale América Latina de su tragedia. Estas son las realidades que nosotros debemos saber analizar fríamente, serenamente, objetivamente, en la íntima convicción de la justeza de nuestra causa, de nuestras ideas y de nuestros proyectos para enfrentar problemas tan serios como los que tenemos por delante.

Curiosamente, y una prueba de que no somos dogmáticos, hoy se ha producido un hecho inusual: hemos entregado un diploma entre los 13 a un centro de trabajo, el Hotel Sol-Palmeras [*Aplausos*], que tenemos en sociedad con una empresa española. No poseemos capital suficiente para desarrollar el turismo al ritmo que quisiéramos, aunque estamos invirtiendo, por nuestra parte, bastante. Si tenemos cientos de kilómetros de playas y lugares extraordinarios, podemos, con un sentido práctico, aceptar asociaciones de este tipo. Nos alegramos de su éxito.

Nosotros a los latinoamericanos les hemos dicho que estamos dispuestos a darles, incluso, ventajas determinadas, ventajas preferenciales, en aras de la integración, en cualquier inversión de tipo económico que quieran hacer en Cuba. Eso implica también el derecho nuestro a hacer alguna inversión en algún país latinoamericano; si tenemos una tecnología determinada, por ejemplo, y hay obstáculos, barreras, una de las formas de abrir mercado puede ser una inversión en el exterior.

En la integración con América Latina, tenemos que adaptar nuestros mecanismos a esas posibilidades de inversión sin renunciar a nuestro socialismo, porque nosotros concebimos perfectamente la integración económica con América Latina sin renunciar al socialismo, aunque haya países capitalistas, unos lo serán más y otros menos.

Aunque hay algunos que están privatizando hasta las calles, otros se preservan las industrias fundamentales como propiedad pública. El petróleo, por ejemplo, lo mantienen como recurso exclusivo de propiedad pública, y así determinadas ramas o inversiones, determinadas áreas. Como nosotros le decíamos a un periodista: para integrarse con América Latina ningún estado tiene que renunciar a las propiedades públicas.

Nosotros con los latinoamericanos estamos dispuestos a buscar arreglos razonables, de mutua conveniencia, pero hay una cuestión muy importante: sabemos lo que hacemos, en qué somos fuertes, en qué somos débiles, en qué áreas estamos avanzando mucho. No tendría sentido que nosotros un central azucarero, que lo podemos construir perfectamente, lo construyamos en sociedad con nadie, o que nuestras empresas cañeras se conviertan en sociedades con extranjeros. Lo que nosotros sabemos hacer y para lo cual tenemos capital, debemos hacerlo. Nosotros podemos aceptar capital extranjero donde no tengamos la tecnología, ni el capital, ni los mercados, en mayor o menor grado de sociedad. Y desde luego que privilegiaremos en eso a los latinoamericanos como necesaria fase, o como necesarios pasos para el proceso de integración económica.

Creemos que somos los que estamos más preparados para la integración económica, y así se lo dijimos allí: Nosotros amamos mucho esa bandera, les dijimos; pero si un día hay que renunciar a ella para formar una sola patria común, nosotros renunciamos a esa bandera. Y si un día el mundo llega a adquirir tan extraordinario y exquisito nivel de conciencia que sea capaz de constituirse como una gran familia, estaríamos también dispuestos a renunciar a esa bandera; lo que no haremos jamás en aras de un mundo unipolar, bajo la hegemonía del imperialismo yanqui,

¡eso no lo haremos jamás! ¡No renunciaremos jamás a una sola de nuestras prerrogativas! [*Aplausos*].

Nosotros somos internacionalistas, no somos nacionalistas estrechos ni chovinistas, y fuimos capaces de derramar nuestra sangre en otros lugares del mundo, en América Latina y en Africa, de manera generosa. Como recordó Mandela, por cada uno de los que fueron se habían ofrecido 10 para cumplir misiones internacionalistas. ¿Podría decirse que haya acaso un pueblo más noble, un pueblo más solidario, un pueblo más revolucionario? ¡La sangre de los angolanos era nuestra sangre, y la sangre de los namibios y la sangre de los sudafricanos es nuestra sangre! ¡La sangre de la humanidad es nuestra sangre! [*Aplausos*].

Nuestras ideas van más allá de chovinismos, de nacionalismos estrechos, nuestras ideas van más allá de todas las fronteras. Vivimos en el mundo que nos tocó vivir y luchamos por un mundo mejor; pero nuestras mentes, nuestras inteligencias, nuestros corazones están preparados para un mundo mucho mejor, para un mundo muy superior, para un mundo como aquel que querían Marx y Engels, en que el hombre fuera hermano del hombre y no lobo del hombre.

El capitalismo es el más grande creador de lobos que ha existido en la historia de la humanidad, y el imperialismo no ha sido solo el más grande creador de lobos, sino también el más grande lobo que ha existido.

Nosotros, que venimos de atrás, que fuimos conquistados, que fuimos explotados, que fuimos esclavizados a lo largo de la historia, ¡qué ideas maravillosas podemos defender hoy, qué ideas tan justas pueden ser nuestras ideas! Y podemos pensar en términos latinoamericanos y hasta en términos mundiales.

¡Qué lejos hemos llegado los esclavos! [*Aplausos*].

Pero ahora el internacionalismo está en defender y preservar la revolución cubana; ése es nuestro más grande deber internacionalista [*Aplausos*]. Porque cuando queda una bandera como ésta, que representa ideas tan justas como ésta, defender esta trinchera, este bastión del socialismo, es el más grande servicio que podemos prestarle a la humanidad.

Los tiempos son difíciles pero sabremos crecernos y multiplicarnos. Los 100 mil estudiantes que están participando en estos días en las labores en el campo y en otras tareas son una prueba del espíritu de nuestro pueblo, de lo que es nuestro pueblo y de lo que es nuestra juventud [*Aplausos*].

Tenemos que multiplicarnos todos y cada uno de nosotros. Cada trabajador en el puesto que ocupe, cada cuadro, cada responsable del partido y del estado, tiene que dar todo lo que pueda dar de sí mismo, tiene que multiplicarse, tiene que ser más exigente que nunca consigo mismo y con los demás. Tiene que estar a la altura de este momento histórico, ¡que bien vale la pena estarlo! ¡Que bien lo merece la causa que defendemos! ¡Que bien lo merece la patria de la cual somos hijos! ¡Que bien lo merecen las ideas de las cuales somos abanderados!

¡Socialismo o Muerte!

¡Patria o Muerte!

¡Venceremos! [*Ovación*]

RESOLUCION DEL CONSEJO DE ESTADO DE CUBA

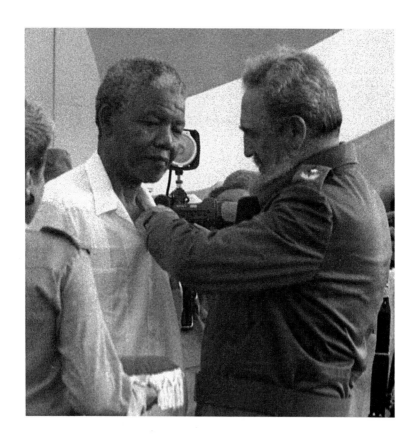

Mandela recibe la orden
José Martí durante el mitin
del 26 de julio.
*(Foto: Mary-Alice Waters/
El Militante)*

Resolución del Consejo de Estado de Cuba

Un testimonio elocuente
de la solidaridad
entre nuestros dos pueblos

POR CUANTO: Nelson Mandela es el más alto símbolo de la larga y heroica lucha del pueblo negro sudafricano contra el régimen del apartheid y el máximo dirigente del Congreso Nacional Africano (ANC), principal organización que representa los anhelos de igualdad racial y de justicia social. El ANC que es la organización revolucionaria más antigua del continente africano agrupa en sus combativas filas a los ciudadanos progresistas de todas las etnias y credos de la República Sudafricana, y encabeza la batalla por la instauración de una Sudáfrica no racista, unida y democrática.

POR CUANTO: Nuestro pueblo se regocija con la visita a Cuba de quien ha dedicado toda su vida a la causa de la libertad. En 1964, después de haber sido arrestado dos años antes, bajo la acusación de sabotaje y conspiración para derrocar al gobierno por medios violentos, en el llamado juicio de Rivonia, Mandela, asumiendo su propia defensa y la de sus compañeros, se transformó de acusado en acusador para denunciar con singular valentía, incluso bajo la amenaza de muerte, los crímenes del régimen del apartheid.

POR CUANTO: El destacado líder del ANC durante los 27 años que permaneció en cautiverio recibió en varias ocasiones la propuesta del gobierno racista de obtener la libertad a cambio de que hiciera concesiones, sin embargo prefirió mantenerse en la cárcel antes que claudicar y esa actitud suscitó la más universal admiración de todos los pueblos y el más vasto clamor por la liberación de un prisionero que jamás haya conocido la historia.

POR CUANTO: La intransigencia revolucionaria de Mandela, la lucha creciente de su pueblo, la solidaridad mundial y las derrotas militares de las tropas sudafricanas en el sur de Angola, en primer lugar la batalla de Cuito Cuanavale, fueron factores que se conjugaron para quebrar al fin los barrotes del prolongado cautiverio y dar inicio a un proceso irreversible de desmantelamiento del apartheid.

POR CUANTO: Hoy Mandela, al frente del ANC, conduce con sabiduría política y firmeza de principios la acción por impulsar este proceso hasta lograr la victoria final. Muchos son los obstáculos que se levantan aún en el camino del triunfo y el pueblo paga una cotidiana cuota de sangre, víctima de quienes financian y organizan la ola de violencia contra el pueblo negro.

POR CUANTO: En esta hora decisiva en que el pueblo cubano está determinado a defender al precio que sea necesario la revolución, el socialismo y la patria, tomamos como ejemplo de voluntad, de lucha y de fe en la victoria, la heroica actitud del combatiente indoblegable y de inmensa valía que es Nelson Mandela, representante de los mejores y más altos valores de Africa.

POR CUANTO: Su presencia, en esta crucial hora, no solo honra nuestra patria, sino constituye además un testimonio elocuente de la solidaridad entre nuestros dos pueblos, sellada para siempre con la sangre derramada en la lucha común por la libertad en las tierras del Africa austral.

POR CUANTO: El héroe nacional de Cuba José Martí conoció apenas a los 16 años el cautiverio colonialista que resistió sin doblegarse. El grillete al que lo aherrojaron le dejó para siempre una dolorosa huella física.

POR CUANTO: Martí aportó a los fundamentos de la república independiente y soberana que él concibiera una concepción humanista que no solo excluyera cualquier manifestación de racismo, sino que además rendía tributo a los hombres que fueron traídos de Africa y esclavizados en Cuba y exaltaba la unidad nacional que se forjó en el crisol de las guerras independentistas.

POR TANTO: El Consejo de Estado de la República de Cuba, en uso de las atribuciones que le están conferidas, ha aprobado el siguiente ACUERDO NUMERO 1695:

PRIMERO: Otorgar la orden "José Martí" al presidente del partido del Congreso Nacional Africano NELSON MANDELA en reconocimiento por su vertical actitud en la lucha contra el apartheid y toda forma de sumisión y en favor de una Sudáfrica unida, democrática y no racista, en ocasión de su visita oficial a nuestro país.

SEGUNDO: Que la insignia de la orden le sea impuesta en acto solemne por el presidente del Consejo de Estado, comandante en jefe Fidel Castro Ruz, en el acto central de las festividades con motivo del trigésimo octavo aniversario del asalto al Cuartel Moncada.

DADO en el Palacio de la Revolución, en la Ciudad de La Habana, a 25 de julio de 1991.

Fidel Castro Ruz
Presidente del Consejo de Estado

NELSON MANDELA

Nelson Mandela nació en 1918, y en 1944 se afilió al Congreso Nacional Africano. Junto con Walter Sisulu, Oliver Tambo y otros, ayudó a formar la Liga Juvenil del ANC y fue elegido su secretario general.

En 1952 Mandela fue arrestado y recibió una sentencia de nueve meses por el papel que jugó como organizador central de la Campaña de Desafío, en la que miles desafiaron las leyes de pasaporte interno y otras medidas del régimen del apartheid. Ese mismo año fue electo vicepresidente nacional del ANC. En 1956 Mandela fue arrestado con otras 155 personas bajo cargos de alta traición; los acusados fueron absueltos después de cinco años.

Mandela siguió sus actividades contra el apartheid después de que el ANC fuera proscrito en 1960 y fue forzado a suspender la actividad pública en abril de 1961. Ese año ayudó a fundar Umkhonto we Sizwe (Lanza de la Nación) para organizar el entrenamiento militar y las operaciones armadas contra el régimen del apartheid.

En agosto de 1962 Mandela fue arrestado. Acusado de incitar a la huelga y de abandonar el país sin pasaporte, fue declarado culpable y condenado a cinco años de prisión. En 1963, después de que fueran arrestados en Rivonia otros líderes del ANC, Mandela, que ya se encontraba en prisión, fue enjuiciado por sabotaje. Junto con otros siete, fue declarado culpable y condenado a cadena perpetua.

Preso hasta 1982 en la famosa prisión de la isla Robben, fue transferido a Pollsmoor y más tarde a la Prisión Víctor Verster. Tras rechazar las ofertas que le hiciera Pretoria a cambio de su libertad condicional, el 11 de febrero de 1990 fue puesto en libertad sin condición alguna.

En el congreso de 1991 del ANC Mandela, que fue electo vicepresidente del ANC poco después de ser excarcelado, fue elegido presidente de la organización. Fue presidente de Sudáfrica, 1994–99.

FIDEL CASTRO

Fidel Castro nació en el oriente de Cuba en 1926 y comenzó su actividad política a mediados de la década de 1940 mientras asistía a la Universidad de La Habana.

Tras el golpe de estado de Fulgencio Batista del 10 de marzo de 1952, Castro organizó un movimiento revolucionario para iniciar la lucha armada contra la dictadura apoyada por el gobierno norteamericano. El 26 de julio de 1953, dirigió un ataque fallido contra el cuartel Moncada en Santiago de Cuba. Muchos de los que participaron fueron capturados y asesinados a sangre fría; Castro y otros sobrevivientes fueron encarcelados. Originalmente condenado a 15 años de prisión, fue puesto en libertad en 1955 junto con sus compañeros a raíz de una campaña de amnistía. Tras ser liberado, se formó el Movimiento Revolucionario 26 de Julio.

En julio de 1955 Castro partió de Cuba rumbo a México, donde organizó una expedición guerrillera para regresar a Cuba. El 2 de diciembre de 1956, junto con otros 81 combatientes que hicieron la travesía a bordo del yate *Granma*, desembarcó en el sudeste de Cuba. Durante los dos años siguientes Castro dirigió las operaciones del Ejército Rebelde y su creciente red de apoyo popular desde una base en las montañas de la Sierra Maestra. El 1 de enero de 1959, Batista se vio forzado a huir de Cuba y poco después entraron en La Habana las unidades del Ejército Rebelde.

En febrero de 1959 Castro devino primer ministro, cargo que desempeñó hasta diciembre de 1976. Fue presidente de los Consejos de Estado y de Ministros desde 1976 hasta 2008, comandante en jefe de las fuerzas armadas de Cuba desde 1959 hasta 2008, y primer secretario del Comité Central del Partido Comunista de Cuba desde su fundación en 1965 hasta 2008.

NOTAS

1. El 26 de julio de 1953, Fidel Castro dirigió un ataque contra el cuartel Moncada en Santiago de Cuba. Esa fecha marca el comienzo de la lucha revolucionaria contra Fulgencio Batista, cuya tiranía contaba con el apoyo de Estados Unidos. Tras el fracaso del ataque, las fuerzas de Batista masacraron a más de 50 de los revolucionarios que habían sido capturados. Castro y otros combatientes fueron capturados, juzgados y condenados a prisión. Fueron puestos en libertad en mayo de 1955 después de una campaña pública de defensa que forzó al régimen batistiano a decretar una amnistía.

El 2 de diciembre de 1956, tras haber viajado a bordo del *Granma* por siete días desde México, 82 combatientes revolucionarios dirigidos por Castro desembarcaron en el sudeste de Cuba. A pesar de los reveses iniciales, los combatientes guerrilleros lograron establecer una base del Ejército Rebelde en la Sierra Maestra, desde donde dirigieron a los obreros y a los campesinos en la guerra revolucionaria contra la dictadura.

Ante el avance del Ejército Rebelde, el 1 de enero de 1959 Batista huyó del país y en medio de una huelga general y enormes movilizaciones populares triunfó la revolución.

2. Mandela se encontraba en Cuba como parte de una gira por América Latina y el Caribe. También visitó Jamaica, México, Venezuela y Brasil.

3. Momentos antes en el mitin del 26 de julio se le había otorgado a Mandela la orden José Martí. Poeta y escritor reconocido, Martí fundó el Partido Revolucionario Cubano en 1892, inició la última guerra de independencia del país en 1895 y fue muerto en combate. La insignia que porta el nombre de Martí es el honor más grande que otorga el Consejo de Estado cubano.

4. Ernesto Che Guevara nació en Argentina y fue uno de los líderes principales de la revolución cubana. Fue comandante guerrillero durante la guerra revolucionaria y ocupó puestos de gran responsabilidad en el nuevo gobierno revolucionario, incluyendo el de jefe del Banco

Nacional y ministro de la industria. En 1965 Guevara renunció a los puestos que ocupaba en el gobierno y salió de Cuba para participar directamente en las luchas revolucionarias en otros países. Pasó varios meses en el Congo (actualmente Zaire), donde ayudó a los partidarios de Patricio Lumumba, el primer ministro que fuera asesinado en su lucha contra el régimen reaccionario y las fuerzas mercenarias organizadas y armadas por los imperialistas belgas y norteamericanos. Más tarde Guevara fue a Bolivia para dirigir al movimiento guerrillero contra la dictadura militar en ese país. En 1967 fue capturado y asesinado por el ejército boliviano en un operativo dirigido por la CIA.

5. El 11 de noviembre de 1975, poco antes de que Angola celebrara formalmente su independencia del dominio colonial portugués, las tropas de Sudáfrica y de Zaire atacaron al nuevo gobierno local, dirigido por el Movimiento Popular para la Liberación de Angola (MPLA). Las fuerzas invasoras estaban aliadas con el Frente Nacional de Liberación de Angola (FNLA) y la Unión Nacional para la Independencia Total de Angola (UNITA).

6. La Ley de Areas Urbanas de los Nativos de 1913 reservaba la mayor parte de la tierra en Sudáfrica para los blancos. Fue utilizada para expropiar a 3.5 millones de campesinos africanos de sus tierras y de este modo negarles en efecto el derecho a labrar la tierra.

7. La Carta de la Libertad fue adoptada en 1955 por el Congreso del Pueblo, un encuentro de casi tres mil delegados celebrado en Kliptown, cerca de Johannesburgo. El congreso fue convocado por el Congreso Nacional Africano junto con el Congreso Indio Sudafricano, la Organización de la Gente de Color y el Congreso de Demócratas. Hace décadas que la Carta de la Libertad ha servido como guía de acción en la batalla por derrocar el apartheid. Se ha publicado en *Habla Nelson Mandela* (Nueva York: Pathfinder, 1986) y en *Nelson Mandela: Intensifiquemos la lucha* (Nueva York: Pathfinder, 1990).

8. Inkatha, basada en la provincia de Natal, es una organización encabezada por Mangosuthu Gatsha Buthelezi, ministro en jefe del territorio patrio KwaZulu.

9. Apenas una semana antes de dar este discurso, en la prensa sudafricana se dio a conocer que el gobierno del apartheid le había dado fondos secretamente a Inkatha, y había fomentado los ataques armados contra los activistas que se oponen al apartheid para tratar de socavar el apoyo masivo con que cuenta el ANC.

10. El Partido Nacional, dirigido actualmente por el presidente F.W. de Klerk, ha sido el partido gobernante en Sudáfrica desde 1948 y es el arquitecto del sistema del apartheid.

11. A principios de los años 60 el gobierno norteamericano le impuso a Cuba un bloqueo económico, comercial y financiero.

12. Para poder lidiar con los déficits y los trastornos económicos que se dieron a raíz de la gran reducción del comercio con la Unión Soviética y Europa oriental y de los nuevos términos comerciales, en diciembre de 1990 la Asamblea Nacional de Cuba adoptó un plan alimenticio de gran envergadura. El aspecto central del programa supone la movilización de miles de cubanos en brigadas de trabajo voluntario y en contingentes para remediar la falta de mano de obra en el agro y para ayudar a crear las condiciones para la autosuficiencia en la producción de alimentos.

13. El Período Especial instituido en 1990 es un programa de medidas para ayudar a Cuba a enfrentar de una manera organizada las consecuencias de la aguda reducción en el comercio con la Unión Soviética y Europa oriental. Estas medidas incluyen recortes sustanciales en el uso de combustible, la interrupción de casi todos los nuevos proyectos de construcción tanto habitacionales como sociales, especialmente en las ciudades, y el racionamiento de casi todos los bienes de consumo, así como la reducción de los inventarios disponibles de estos productos. El objetivo de este programa especial es repartir lo más posible el efecto de los recortes, mientras se da prioridad al uso de recursos existentes para la producción de alimentos y para las actividades económicas que generan divisas para pagar por las importaciones necesarias.

14. Momentos antes, en el mitin del 26 de julio, los trabajadores de 13 empresas recibieron certificados en reconocimiento de sus contribuciones al desarrollo social y económico de la provincia de Matanzas.

Desde 1987 se han organizado grandes contingentes voluntarios de construcción para emprender proyectos de ingeniería civil de gran envergadura como caminos, represas y otras tareas de construcción.

15. Los Juegos Panamericanos se celebraron en Cuba del 2 al 18 de agosto de 1991.

16. Mario Muñoz (1912–1953) fue uno de los combatientes revolucionarios que participaron en el ataque al cuartel Moncada. Fue capturado y asesinado por las tropas de la dictadura.

17. Nicolás Guillén (1902–1989) fue uno de los más destacados poetas cubanos.

18. Al concluir la guerra por las colonias entre el gobierno norteamericano y el español en 1898, las tropas norteamericanas ocuparon Cuba y ayudaron a instalar un régimen neocolonial pro norteamericano. Mambí fue el nombre cubano que se le dio a los luchadores independentistas durante las tres guerras que libró Cuba por su independencia de España durante el período de 1868–98.

19. Antonio Maceo (1845–1896), José Martí (1853–1895), Máximo Gómez (1836–1905) e Ignacio Agramonte (1841–1873) fueron líderes de la lucha por la independencia cubana de España a finales del siglo diecinueve. Che Guevara (1928–1967), Camilo Cienfuegos (1932–1959), Abel Santamaría (1927–1953) y Frank País (1934–1957) fueron líderes de la lucha contra la dictadura de Batista que culminó en el triunfo de la revolución cubana el 1 de enero de 1959.

20. La Primera Cumbre Iberoamericana se celebró en Guadalajara, México, del 17 al 19 de julio de 1991. El encuentro contó con la participación de los jefes de estado de los países de habla hispana y portuguesa de América Latina y el Caribe, además de España y Portugal. Es la primera vez que Cuba fue invitada a participar en un encuentro de jefes de estado latinoamericanos desde 1962, año en que, a instigación de Washington, Cuba fue expulsada de la Organización de Estados Americanos. Castro encabezó la delegación cubana.

21. Una de las medidas más importantes adoptadas por la revolución cubana fue la reforma agraria de 1959, que le concedió títulos a los aparceros, arrendatarios y a los colonos para usar la tierra que labraban y fijó un límite de 400 hectáreas sobre las parcelas individuales. Como resultado de la aplicación de esta ley, en Cuba se confiscaron grandes fincas y plantaciones de azúcar, muchas de ellas propiedad de compañías norteamericanas. Esta tierra pasó a manos del nuevo gobierno. En 1967 se aprobó una segunda ley de reforma agraria que fijó un límite máximo de unas 70 hectáreas por parcela.

22. Simón Bolívar (1783–1830) dirigió la rebelión armada que ayudó a que gran parte de América Latina conquistara su independencia de España.

23. Esta es una referencia a la Ronda de Uruguay del Acuerdo General sobre Aranceles y Comercio (GATT). Al igual que el Fondo Monetario Internacional y el Banco Mundial, el GATT es una de las instituciones internacionales que fueron creadas a iniciativa de la clase capitalista norteamericana tras su victoria en la Segunda Guerra Mundial para ayudar a mantener su dominio industrial y su posición comercial ante sus rivales imperialistas, y para hacer valer el dominio imperialista sobre el mundo colonial y semicolonial.

Se suponía que la Ronda de Uruguay, que comenzó en 1986, habría de terminar en diciembre de 1990. Sin embargo, las charlas se desmoronaron sin llegar a un acuerdo y fueron suspendidas.

INDICE

89

Cuba y África

DE LA SIERRA DEL ESCAMBRAY AL CONGO
En la vorágine de la Revolución Cubana
VÍCTOR DREKE

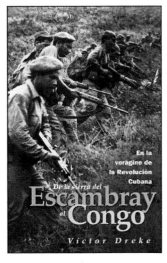

Uno de los principales participantes en el movimiento revolucionario cubano por más de medio siglo describe sus experiencias como segundo al mando en la misión internacionalista en el Congo en 1965 dirigida por Che Guevara. Dreke también relata su participación en la guerra revolucionaria en 1956–58 que tumbó a la tiranía, apoyada por Washington, de Batista, así como su papel de comandante de los batallones voluntarios que derrotaron a bandas derechistas después del triunfo de la revolución. US$17. También en inglés.

CUBA'S INTERNATIONALIST FOREIGN POLICY
(La política exterior internacionalista de Cuba)
FIDEL CASTRO
Discursos del dirigente revolucionario sobre la solidaridad con Angola, Etiopía, Vietnam y Nicaragua, incluido "Angola: El Girón africano" (1976). También incluye: "Cuba en Angola: Operación Carlota" por Gabriel García Márquez (1977). En inglés. US$22

IN DEFENSE OF SOCIALISM
(En defensa del socialismo)
FIDEL CASTRO
Castro describe el papel decisivo que ocuparon los combatientes voluntarios cubanos en la última etapa de la guerra en Angola contra las fuerzas invasoras del régimen del apartheid sudafricano. El progreso económico y social, dice el dirigente cubano, no solo es posible sin la competencia a muerte del capitalismo, sino que el socialismo sigue siendo el único camino a seguir para la humanidad. Introducción de Mary-Alice Waters. En inglés. US$15

www.Pathfinderpress.com

La Revolución Cubana y la

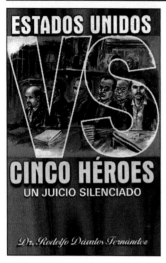

Estados Unidos vs. Cinco Héroes
UN JUICIO SILENCIADO

Rodolfo Dávalos Fernández

Encerrados en prisiones norteamericanas desde 1998, cinco revolucionarios cubanos fueron sometidos a un caso fabricado por ser parte de una "red de espías cubanos" en Florida. Ellos estaban monitoreando para el gobierno cubano a grupos derechistas con una larga historia de ataques contra Cuba desde territorio estadounidense. De principio a fin, explica el autor, el juicio contra los cinco fue un fraude y se violó el derecho al "debido proceso" judicial. US$22. También en inglés.

Nuestra historia aún se está escribiendo
LA HISTORIA DE TRES GENERALES CUBANO-CHINOS
EN LA REVOLUCIÓN CUBANA

Armando Choy, Gustavo Chui y Moisés Sío Wong hablan sobre el papel histórico de la inmigración china a Cuba, y sobre más de cinco décadas de acción revolucionaria e internacionalismo, desde Cuba hasta Angola y hoy Venezuela. A través de sus historias vemos cómo millones de hombres y mujeres sencillos como ellos abrieron la puerta a la revolución socialista en América, cambiaron el curso de la historia y se convirtieron en este proceso en seres humanos diferentes. US$20. También en inglés y chino.

Marianas en combate
TETÉ PUEBLA Y EL PELOTÓN FEMENINO MARIANA GRAJALES
EN LA GUERRA REVOLUCIONARIA CUBANA, 1956–58

Teté Puebla

La general de brigada Teté Puebla se integró en 1956, a los 15 años, a la lucha para derrocar a la dictadura de Fulgencio Batista respaldada por Washington. Esta es su historia: desde la actividad clandestina en las ciudades, hasta su papel como oficial en el primer pelotón femenino del Ejército Rebelde. La lucha por transformar la condición social y económica de la mujer en Cuba es inseparable de la revolución socialista en Cuba. US$14. También en inglés.

www.pathfinderpress.com

política mundial

Soldado de la Revolución Cubana
DE LOS CAÑAVERALES DE ORIENTE A GENERAL DE LAS
FUERZAS ARMADAS REVOLUCIONARIAS
Luis Alfonso Zayas
El autor, general del ejército cubano, narra
sus experiencias durante cinco décadas de la
revolución. Desde sus años de combatiente
adolescente en la lucha clandestina y la guerra
en 1956–58 que tumbó a la dictadura apoyada
por Washington, hasta las tres misiones en que
se desempeñó como dirigente de las fuerzas
voluntarias cubanas que ayudaron a Angola a
derrotar una invasión del ejército de la Sudáfrica
supremacista blanca, Zayas relata cómo él y otros
hombres y mujeres comunes y corrientes en Cuba
transformaron el curso de la historia y así se
transformaron ellos mismos. US$18. También en inglés.

Girón: La batalla inevitable
LA MÁS COLOSAL OPERACIÓN DE LA CIA CONTRA FIDEL CASTRO
Juan Carlos Rodríguez
La invasión de Cuba dirigida por Washington en abril de 1961 fue derrotada en 66 horas
por batallones de milicianos compuestos de voluntarios obreros y campesinos, junto con
soldados de las fuerzas armadas cubanas. El historiador cubano Juan Carlos Rodríguez
explica que el fracaso del ataque a Playa Girón no se debió a las pobres estrategias
y tácticas de las fuerzas invasoras. Sus planes eran sólidos. Cuba derrotó la invasión
porque el material humano del que disponía Washington no podía igualar la valentía y
determinación de un pueblo que lucha para defender lo que conquistó con la primera
revolución socialista del continente. US$20. También en inglés.

Dynamics of the Cuban Revolution
(DINÁMICA DE LA REVOLUCIÓN CUBANA)
Joseph Hansen
¿Cómo se desenvolvió la Revolución Cubana? ¿Por qué representa un "desafío intolerable"
para el imperialismo norteamericano? ¿Qué obstáculos políticos ha tenido que superar?
Escrito al ir avanzando la revolución desde sus primeros días. En inglés. US$25

Aldabonazo
EN LA CLANDESTINIDAD REVOLUCIONARIA CUBANA, 1952–58
Armando Hart
En este relato testimonial de uno de los dirigentes históricos de la Revolución Cubana,
conocemos a los hombres y las mujeres que en la década de 1950 dirigieron la
clandestinidad urbana en la lucha contra la dictadura batistiana respaldada por
Washington. Junto a sus compañeros del Ejército Rebelde, hicieron más que derrocar
a la tiranía. Sus acciones y sus ejemplos revolucionarios a nivel mundial cambiaron la
historia del siglo XX, y la del nuevo siglo. US$25. También en inglés.

¿Es posible una revolución socialista en Estados Unidos?

Un debate necesario
MARY-ALICE WATERS

"Para pensar que una revolución socialista en Estados Unidos no es posible, habría que creer no solo que las familias dominantes de los países imperialistas y sus brujos económicos han encontrado la forma de 'manejar' el capitalismo. Habría que cerrar también los ojos a las guerras imperialistas, guerras civiles y crisis económicas, financieras y sociales que se propagan a nuestro alrededor".
—*Mary-Alice Waters*

En charlas presentadas en el marco de un amplio debate en las ferias del libro de Venezuela en 2007 y 2008, Waters explica por qué una revolución socialista no solo es posible sino que las luchas revolucionarias del pueblo trabajador son inevitables. US$7. También en inglés, francés y sueco.

Cuba y la revolución norteamericana que viene
JACK BARNES

La Revolución Cubana de 1959 tuvo un impacto mundial, incluso entre los trabajadores y jóvenes en Estados Unidos. A principios de los años 60, dice Barnes, "la lucha proletaria de masas para derrocar el sistema Jim Crow de segregación racial en el Sur marchaba hacia sangrientas victorias a la vez que avanzaba la Revolución Cubana". La profunda transformación social por la cual combatieron y que ganaron las masas trabajadoras cubanas sentó un ejemplo: de que no solo es necesaria una revolución socialista, sino que los trabajadores y agricultores en el corazón del imperialismo la pueden hacer y defender. US$10. También en inglés y francés.

Rebelión Teamster

FARRELL DOBBS

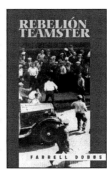

El primero de un relato de cuatro tomos de un participante sobre cómo las huelgas y campañas de sindicalización en el Medio Oeste en los años 30, iniciadas por dirigentes del Local 574 de los Teamsters en Minneapolis, allanaron el camino para los sindicatos industriales y un combativo movimiento social obrero. Estas batallas mostraron lo que pueden lograr los trabajadores y agricultores cuando tienen el liderazgo que merecen. Dobbs formó parte central de esa dirección de lucha de clases. US$19. También en inglés, francés y sueco.

Wall Street enjuicia al socialismo

JAMES P. CANNON

Las ideas básicas del socialismo, explicadas en el testimonio durante el juicio de 1941 contra 18 dirigentes del sindicato de los Teamsters en Minneapolis y del Partido Socialista de los Trabajadores, a quienes les fabricaron cargos y los pusieron en prisión bajo la notoria Ley Smith "de la mordaza", durante la Segunda Guerra Mundial. US$16. También en inglés.

Revolutionary Continuity

Marxist Leadership in the U.S.

(Continuidad revolucionaria: Dirección marxista en EE.UU.)

FARRELL DOBBS

Cómo generaciones sucesivas de luchadores se sumaron a luchas que formaron al movimiento obrero norteamericano, buscando forjar una dirección revolucionaria capaz de impulsar los intereses de los trabajadores y agricultores y vincularse con otros trabajadores en el mundo. Dos tomos en inglés:

The Early Years: 1848–1917 (Los primeros años, 1848–1917), US$20.

Birth of the Communist Movement: 1918–1922 (El nacimiento del movimiento comunista, 1918–1922), US$19.

Lucha de clases en Estados Unidos

De la dictadura del capital...

El Manifiesto Comunista

Carlos Marx, Federico Engels

El documento de fundación del movimiento obrero revolucionario moderno, publicado en 1848. Explica por qué el comunismo no es un conjunto de principios preconcebidos sino la línea de marcha de la clase trabajadora hacia el poder, una marcha que emana de "las condiciones reales de una lucha de clases existente, de un movimiento histórico que se está desarrollando ante nuestros ojos". US$5. También en inglés, francés y árabe.

El estado y la revolución

V.I. Lenin

"La relación entre la revolución socialista proletaria y el estado adquiere no solo una importancia política práctica", escribió V.I. Lenin en esta obra, terminada apenas unos meses antes de la revolución rusa de octubre de 1917. También aborda "la cuestión más cadente: explicar a las masas qué deberán hacer para liberarse de la tiranía capitalista." En *Obras escogidas de Lenin.* US$14.95

Su Trotsky y el nuestro

Jack Barnes

Para dirigir a la clase trabajadora en una revolución exitosa, se necesita un partido revolucionario de masas cuyos cuadros han asimilado con mucha antelación un programa comunista mundial, son proletarios en su vida y su trabajo, derivan una satisfacción profunda de la actividad política y han forjado una dirección con un agudo sentido de lo próximo que hay que hacer. Este libro trata sobre la construcción de dicho partido. US$15. También en inglés y francés.

www.pathfinderpress.com

...a la dictadura del proletariado

La última lucha de Lenin
Discursos y escritos, 1922–23
V.I. Lenin

En 1922 y 1923, V.I. Lenin, dirigente central de la primera revolución socialista en el mundo, libró lo que sería su última batalla política. Lo que estaba en juego era si esa revolución seguiría por el curso proletario que había llevado al poder a los trabajadores y campesinos del antiguo imperio zarista en octubre de 1917 y sentado las bases para un movimiento revolucionario verdaderamente mundial del pueblo trabajador que se organizaba para emular el ejemplo de los bolcheviques. Este libro recoge los informes, artículos y cartas mediante los cuales Lenin libró esta batalla política. US$20. También en inglés.

Trade Unions: Their Past, Present, and Future
(LOS SINDICATOS: SU PASADO, SU PRESENTE Y SU PORVENIR)
Carlos Marx

Además de su surgimiento inevitable como instrumentos "requeridos para luchas de guerrillas entre el capital y el trabajo", los sindicatos "ahora necesitan actuar conscientemente como centros de organización de la clase trabajadora a favor de los amplios intereses de su emancipación completa" mediante la acción revolucionaria social y política. Esta resolución, redactada por Marx para el congreso de fundación en 1866 de la Primera Internacional, aparece en *Trade Unions in the Epoch of Imperialist Decay* (Los sindicatos en la época de la decadencia imperialista), por León Trotsky. En inglés. US$16

The History of the Russian Revolution
(LA HISTORIA DE LA REVOLUCIÓN RUSA)
León Trotsky

La dinámica social, económica y política de la primera revolución socialista, relatada por uno de sus dirigentes centrales. Edición completa en inglés, tres tomos en uno. US$38. También en ruso.

Nueva Internacional

UNA REVISTA DE POLÍTICA Y TEORÍA MARXISTAS

NUEVA INTERNACIONAL Nº. 6

Ha comenzado el invierno largo y caliente del capitalismo

Jack Barnes

y "Su transformación y la nuestra," resolución del Partido Socialista de los Trabajadores

Los actuales conflictos interimperialistas que se agudizan se ven impulsados por las primeras etapas de lo que serán décadas de convulsiones económicas, financieras y sociales y batallas de clases, y por el cambio más trascendental en la política y organización militar de Washington desde los preparativos de Washington para la Segunda Guerra Mundial. Los trabajadores de disposición de lucha de clases debemos encarar esta histórica coyuntura para el imperialismo, y derivar satisfacción al meternos "en su cara" a medida que trazamos un curso revolucionario para afrontarlo. US$16

NUEVA INTERNACIONAL Nº. 7

Nuestra política empieza con el mundo

Jack Barnes

Las enormes desigualdades económicas y culturales entre los países imperialistas y semicoloniales, y entre las clases dentro de casi todos los países, se producen, reproducen y acentúan por las operaciones del capitalismo. Para que los trabajadores de vanguardia forjemos partidos capaces de dirigir una exitosa lucha revolucionaria por el poder en nuestros propios países, dice Jack Barnes en el artículo principal, nuestra actividad debe guiarse por una estrategia para cerrar esta brecha.

También en el número 7: "La agricultura, la ciencia y las clases trabajadoras" *por Steve Clark.* US$14

MUCHOS DE ESTOS ARTÍCULOS SE PUEDEN ENCONTRAR EN LAS PUBLICACIONES HERMANAS DE *NUEVA INTERNACIONAL* EN INGLÉS, FRANCÉS, SUECO E ISLANDÉS.

OBTENGA DE WWW.PATHFINDERPRESS.COM

EL IMPERIALISMO NORTEAMERICANO HA PERDIDO LA GUERRA FRÍA

Jack Barnes

Al contrario de las expectativas imperialistas al inicio de los años 90 tras el colapso de los regímenes en toda Europa oriental y la Unión Soviética que se reclamaban comunistas, los trabajadores y agricultores ahí no han sido aplastados. El pueblo trabajador sigue siendo un obstáculo tenaz al avance del imperialismo, obstáculo que los explotadores tendrán que enfrentar en batallas de clases y en guerras. US$15

NUEVA INTERNACIONAL N⁰. 2

CHE GUEVARA: CUBA Y EL CAMINO AL SOCIALISMO

Artículos de Ernesto Che Guevara, Carlos Rafael Rodríguez, Carlos Tablada, Mary-Alice Waters, Steve Clark y Jack Barnes

Intercambios de los primeros años de la Revolución Cubana y los actuales sobre las perspectivas políticas que Che Guevara reivindicó al ayudar a dirigir al pueblo trabajador en la transformación de las relaciones económicas y sociales en Cuba. US$14

NUEVA INTERNACIONAL N⁰. 4

LA DEFENSA DE CUBA, LA DEFENSA DE LA REVOLUCIÓN SOCIALISTA CUBANA

Mary-Alice Waters

Ante las mayores dificultades económicas en la historia de la revolución durante los años 90, los trabajadores y campesinos cubanos defendieron su poder político, su independencia y soberanía, y el curso histórico que emprendieron al comienzo de los años 60. US $17